莫兰科学笔记 探究式科学教学故事

STORIES FOR INQUIRY-BASED SCIENCE TEACHING

日常科学之谜（三）

EVEN M

EVERYDAY S

MYSTERIES

[美]理查德·科尼赛克-莫兰 著
(Richard Konicek-Moran)
刘亚芬 译
刘 勇 审校

NSTApress
National Science Teachers Association
江苏凤凰教育出版社
Phoenix Education Publishing, Ltd

图书在版编目(CIP)数据

莫兰科学笔记.日常科学之谜(三)/(美)理查德·科尼赛克-莫兰著;刘亚芬译.—南京:江苏凤凰教育出版社,2017.12

ISBN 978-7-5499-5929-7

Ⅰ.①莫… Ⅱ.①理…②刘… Ⅲ.①科学知识—青少年读物 Ⅳ.①Z228.2

中国版本图书馆CIP数据核字(2017)第319936号

书　　名	日常科学之谜(三)
著　　者	[美]理查德·科尼赛克-莫兰(Richard Konicek-Moran)
译　　者	刘亚芬
审　　校	刘　勇
责任编辑	严明瑗
出版发行	凤凰出版传媒股份有限公司 江苏凤凰教育出版社(南京市湖南路1号A楼　邮编210009)
苏教网址	http://www.1088.com.cn
照　　排	南京紫藤制版印务中心
印　　刷	江苏凤凰新华印务有限公司
厂　　址	江苏省南京市新港经济技术开发区尧新大道399号
开　　本	787 mm×1092 mm　1/16
印　　张	14.75
版　　次	2018年1月第1版 2018年1月第1次印刷
书　　号	ISBN 978-7-5499-5929-7
定　　价	55.00元
网店地址	http://jsfhjycbs.tmall.com
公 众 号	江苏凤凰教育出版社(微信号:jsfhjy)
邮购电话	025-85406265,025-85400774,短信02585420909
盗版举报	025-83658579

苏教版图书若有印装错误可向承印厂调换
提供盗版线索者给予重奖

目录

致谢

谨以此书献给佩奇·基利(Page Keeley),她既是我的挚友,又是我的缪斯,还是我的灵感之源,激励我把自己的想法拿出来与大家共享。此书还要献乔伊丝·塔古尔(Joyce Tugel),她在过去10年里一直是我的好友兼同事。我要对她们二人表示由衷的感谢。

感谢马萨诸塞州斯普林菲尔德学院优秀的教育工作者、教授罗伯特·巴克曼(Robert Barkman),在过去5年间,他始终鼎力支持我的工作,并在斯普林菲尔德中小学教师研讨班上使用了本书中的故事和技巧。

在过去数十年间,下列教育工作者通过各种方式对我鼎力支持,通过在学校的孩子中亲身实践,证明这些故事和探究学习方法确实行之有效。对他们的感激之情我无法用语言表达。

理查德·哈勒(Richard Haller)

乔·安·赫尔利(Jo Ann Hurley)

劳丽·诺斯(Lore Knaus)

特蕾莎·威廉姆森(Theresa Williamson)

马萨诸塞州阿默斯特市马科斯梅多小学(Marks Meadow Elemantary)的教师们

马萨诸塞州斯特布里奇市(Sturbridge)伯吉斯小学(Burgess Elementary)3年级教研组

马萨诸塞州斯特布里奇伯吉斯市小学2年级教研组

马萨诸塞州斯特布里奇伯吉斯市小学5年级教研组

马萨诸塞州米尔伯里市(Millbury)的小学教师们

马萨诸塞州斯普林菲尔德市波廷格小学(Pottinger Elementary)的教师和学生们

马萨诸塞州斯普林菲尔德市公立学校全体行政人员和科学专家

感谢在我的研究生班级和本科生班级就读的所有老师们,他们动手编写各种故事并应用于自己的课堂教学,并且尝试把我的故事应用于他们的教学之中。

感谢我的导师、已故的哥伦比亚大学威拉德·雅各布森(Willard Jacobson)教授,是他帮助我在大学层次的师范教育领域谋得一席之地。

我要感谢斯基普·斯诺(Skip Snow)、洛里·奥博霍弗(Lori Oberhofer)、杰夫·克莱恩(Jeff Kline)、桑尼·贝斯(Sonny Bass)以及佛罗里达州大沼泽地国家公园里所有的生物学家们,能够与他们共事 9 年是我的荣幸,是他们帮助我重新找回做一名科学家的感觉。我还要感谢大沼泽地国家公园解说团队的成员,他们帮助我重新认识到:你不用明确告诉一个人如何去观察,他也完全有可能掌握其中的技巧;以及指导人们如何在情感上与这个世界建立联系,其意义非常重大。

我要向美国国家科学教师协会(NSTA)的克莱尔·莱因伯格(Claire Reinburg)表达最诚挚的谢意,他对我的工作充满信心,使我的第一、第二部书得以顺利出版,目前正在编辑这第三部。同样感谢编辑安德鲁·科克(Andrew Cooke),他帮助我完成了出版的最后一些工序。还要感谢蒂姆·弗伦奇(Tim French),他为各章故事和封面设计绘制了精彩的插图。此外,更要感谢我美貌与智慧并存的可爱妻子凯瑟琳(Kathleen),她不仅大力支持我的工作,提出批评建议,为植物学部分的故事内容背景绘制插图,而且认真编辑初稿。

最后,我还要感谢所有孩子们,他们热爱这个他们生活其中的世界。感谢他们的父母和老师,教会他们如何通过学习科学认识这个世界。

前言　教科学与讲科学

过去9年间,我和妻子有幸担任大沼泽地国家公园的自然科学讲解员。园方告诫我们说,讲解不同于教学,我们不应当向游客就鸟类或者植物名称做长篇大论式的报告,而应当帮助他们欣赏公园的美与价值。实际上,园方布置给我们的任务很明确——帮助每一位游客"与自然环境(公园)建立情感联系,而不是像在学校教书那样"。

如此说来,教学与讲解似乎是两个完全不同的概念。但这一点我恐怕不敢苟同,或者说,我内心希望这两者应当相似或趋同。"讲解"的同义词有启蒙、阐释、澄清、说明或陈述等,而"教学"可以被定义为启蒙或阐释等。当然,大多数词典在给这两个词下定义时都没有"帮助人们与……建立情感联系"这一义项。然而,我认为,无论是在自然科学还是在其他领域,"与研究对象建立情感联系"或许是一个很不错的主意。

科学是人类为了认识世界而创造出来的学问。数百年来,科学在被发明、重新发明、修正过程中不断进步。科学遵循(或者说应当遵循)自身发展的规律。最初,人们把这门学问当成自然历史或自然哲学,辩论是推动其发展的最好方式。后来,伽利略开创了直接实验的先河,而开普勒、第谷、牛顿以及达尔文等科学家向世人表明,通过对实验数据进行解读,能够形成各种各样的科学理论与假说,由此帮助我们更准确地对日常发生的大小事件进行预测,或者帮助我们在技术上取得长足的进步,做出把人送往月球这样伟大的壮举。

人类对日常发生的事情天生有一种好奇心,本书就是以此为基础写成的。老师和学生应当与他们努力探索的这个世界建立"情感联系",这一点至关重要。一朵花,一条蠕虫,一只昆虫,你无须与其建立情感联系也能完全了解它,但是,了解这颗星球上的每一个生命及其生态位，与它们建立一种情感联系，能够帮助我们找准自己在这个世界的位置，看清自己与形形色色的生物如何相生相息、共同进化。

知识能够提高我们的个人修养（价值观）。个人修养是指在没有他人监督的情况下，我们也能自觉做出符合社会道德规范的事情（例如，尽管周围没有他人在场，我们也能自觉把垃圾倒入垃圾桶）。良好的个人修养体现在，即使在没有法律条文的约束下，我们也能用厨余垃圾制作堆肥，循环利用废旧的铝、玻璃以及纸张等，或者去购物时自带购物袋。我们之所以这样做，是因为我们已经与这颗星球建立了情感联系。因此，我认为，老师需要帮助学生与科学事业建立情感联系，以便帮助他们更好地了解这个世界的运行规律，更好地解读这个世界的奥秘。

举例而言，游客们来到大沼泽地国家公园，能够了解到各种植物都要历经 6 个月旱灾和 6 个月洪灾的磨难，因为这里地处亚热带，每年有干湿两个季节，干旱和洪水足以扼杀这些柔弱的生命，然而它们却顽强地活了下来。游客们在听了我们的讲解之后都会深受触动，从而对这些植物发生浓厚的兴趣，想要进一步了解它们如何各显神通来适应这里恶劣的气候条件。他们开始注意到植物的叶子表面如同涂了一层蜡，叶子形状也各有特色，种子有着休眠期，等等，植物的这些特征能够抵御洪灾给它们造成的灭顶之灾。同样，这些植物也能够在旱季最大限度地减少水分流失。游客们看到横斑林鸮等各种动物竟然喜欢这里的恶劣环境，崇敬的心情油然而生。人与自然的情感联系就这样建立起来。我们衷心希望，各位游客能够因此而意识到保护环境的重要性。

你班上的学生或许有过同样的经历。学生在面对海洋、杠杆、玻璃杯外壁的冷凝水、影响我们身体和生活的各种力以及科学自身的发展进程时，应当尽可能与它们建立情感联系。我可以肯定地说，如果学生对教学大纲的各种概念无动于衷的话，他们就不可能真正学到什么，记住什么，理解多少。本书故事的人物和情境设定非常贴近学生的日常生活，因此，能够很容易引起学生的情感共鸣。

近日，一首小诗摆在我的案头，它恰好从一个侧面印证了我在《日常科学之谜》这套书中提出的主张。我希望，你在从事教学工作中时刻牢记诗人在这首诗中的话语以及所要传达的思想。

悠闲

威廉·亨利·戴维斯(1921)

这算哪门子生活，整日忙忙碌碌，
没时间站一站，看一看。
没时间站在树杈底下，
像牛羊那样凝望半天。
没时间在林中经过时瞄上一眼，
松鼠把坚果藏匿于哪簇草丛中间。
没时间看一看白日里小河淌水，
波光闪闪如夜晚繁星满天。
没时间理会美人的顾盼，
欣赏她那双玉足如何起舞蹁跹。
没时间等待她的唇角
将眼中泛出的笑意渲染。
整日忙忙碌碌，没时间站一站，看一看，
这种生活真惨。

"每日奇迹"

经常有人问我，这些日常科学谜题是从哪里来的？其实它们大都来自我的日常体验。科学就在我们身边，而我们在日常生活中却往往不曾留意，正如俗话说的那样："我们喜欢把隐匿的秘密找一个遍，却对眼前的东西视而不见。"

我有幸住在乡村的自然环境中。我每天的作息时间十分规律。起床，吃早餐，然后和妻子到林中步行一英里左右，既锻炼了身体，又顺便遛了我们家的澳大利亚牧羊犬。这条狗堪称我们学习的好榜样，因为它总能敏锐地察觉到周围环境在过去 24 小时内新出现的变化。它不停地用鼻子在大地和空气中嗅来嗅去，寻找我们人类感官无法感知到的各种线索。我们一边散步，一边探索"当天的奇迹"。它或许是一群乌鸦正在围攻一只横斑林鸮，也可能是一只红尾鹰用利爪抓着松鼠从我们头顶上方掠过，还可能是一对林鸳鸯在寻找可以筑巢的地方，比如一个大树洞、一片延龄草或赤莲草丛。夏末时节，或许还有一丛酷似幽灵的水晶兰、一株盛开的叶兰，而一只蜂鸟正在花丛中为飞往南方的长途旅行“加油”。今天，你或许注意到以前从未注意到的一朵橙红色蘑菇，硕大、漂亮又神秘。道路上传来嘈杂的声音，令我们思考声音如何传播的问题。回到家，映入眼帘的是一株株山楂树、堆肥里勤劳忙碌的蚯蚓、新建的温室，整个夏天我们都在为温室内温度大幅波动头疼不已。

教科书中收录了关于行星、太空旅行、植物繁殖以及动物行为等各种妙趣横生的知识，却对这些知识的由来只字不提。这个世界充满形形色色的问题，其中很多问题都可以由儿童和成人通过亲身探索得知答案。这些问题无时无刻不在触动我的感官和大脑，刺激我大脑中“我想知道……”那片区域。我对影子、白天的太阳与月亮以及夜晚的恒星与行星非常好奇。只要我们怀着开放心态睁大眼睛去寻找，就会发现科学奥秘无处不在。

更令我惊讶的是，这么多年来，我竟然错过了那么多就在眼皮底下的问题。撰写这一套书，促使我改变自己看待这个世界的方式。我要感谢我的妻子，她是一位植物学家、艺术家兼园艺家，正是她唤醒了我的意识，让我开始细心观察那些多年来一直被我忽视的东西。人们总是对那些具有新闻价值的科学发现趋之若鹜，却对每天都在我们脚边爬行的小生命、在我们头顶枝头上摇曳的花朵以及在天空中运行的日月星辰视而不见。试想一下，如果学生(包括老师)都忙着一味追求能够在考试中考出更高分数，他们哪还有闲工夫探索日常生活中的科学奥秘。一旦我开始用童真的视角来观察这个世界，书中的一个个小故事就自然而然地涌现在我面前。或许，这就是我能够发现日常科学谜题的秘诀所在。

撰写《日常科学之谜》故事

当我开始准备编写故事的时候，我跟那些参加研讨班学习的研究生们一起探索这一做法是否可行。我们挑选一些科学话题，把相关的科学现象编写成故事，故事没有结局，而是代之以挑战性的问题，需要读者亲自动脑动手进行实验才能解决，并利用得出的答案为故事续写结局。我们还增加了一些干扰项——孩子们的想法和错误观念——它们也可以被教师用做形成性评价工具。在整个学期期间，我们编写了很多小故事，研究生们在他们的学生中间试用了这些故事。孩子们非常喜欢这些故事，我们也从试用过程中总结出一些经验和教训，以便更好地组织编写这些故事，借助故事提出更为恰当的问题供学生研究。此后数年间，我跟参加初级科学教学法课程学习的研究生和本科生们共同探讨这一理念。跟其他课程不同的是，我这门课程教学要求中有一项任务，要求学生就某个科学现象编写一则故事，然后还要撰写一篇论文，描述他们是如何在自己的课堂上利用这则故事鼓励学生进行探究式学习的。随着我对这一理念的了解逐渐深入，自身素质也在逐渐提高，从而能够帮助学生改进并完善这些故事和论文的质量。

我了解到，这些在研究生班进修的老师通过与同学以及与导师讨论自己编写的故事，获得很多宝贵的反馈信息，有助于他们进一步完善故事内容。我们经常组织一些人员不超过 5 名的小组会议，相互交换意见。我们还设计了一份问题清单，帮助大家弄清楚“具有挑战性的故事”这一概念背后的理论基础。内容如下。

你在编写故事时需要考虑如下几点

你的故事……

(1) 涉及的是一个概念还是一组概念体系？

(2) 涉及的话题能否引起你所针对的那个年龄段学生的兴趣？

(3) 提出的问题能否通过实验活动直接予以解决？

(4) 是否要求学生积极参与——既动手，又动脑？

(5) 是否真正具有开放式的结局？

(6) 是否为学生辨认问题和解决问题提供了足够信息？

(7) 是否考虑到你想让学生使用的材料都很容易找到？

(8) 是否给学生提供机会让他们对故事充分进行讨论并设计实验方案找出问题答案？

(9) 是否把数据收集和分析作为学生进行研究的必要条件？

(10) 是否提供某种方法让你了解学生对这个话题的前概念水平？(可以直接或间接地提出)

慢工出细活。最终，我的学生编写的故事不仅适用于他们自己的课堂教学，而且可以让我用做对他们学习科学教学法课程的评估工具。

时间一天天流逝，有些老师问我，他们能不能借鉴一下我在课堂上使用这些故事的经验。他们鼓励我把这些故事结集出版，也就是你现在看到的这本书。我希望本书能对你在课堂上践行探究式教学有所帮助。或许你能从中受到启发，自己动手为你觉得学生最难弄懂的科学概念编写故事，化难为易，从而提高教学效果。

参考文献

Davies, W. H. 2009. *Collected poems by William H. Davies (1921)*. Whitefish, MT: Kessinger.

Konicek-Moran, R. 2008. *Everyday science mysteries*. Arlington, VA: NSTA Press.

绪论

如何在课堂上使用故事教学的案例分析

在正式开始前，我想首先给你讲述《日常科学之谜（一）》中的一个故事，然后向你展示两位老师在教学中如何使用这个故事，两位老师分别是 2 年级的特蕾莎(Teresa)和 5 年级的劳丽(Lore)。在接下来的章节中，我将解释一下本书的写作理念和内容安排，然后讲述各个故事以及相关的背景材料。这就是那个故事题目"橡子去了哪里?"

橡子去了哪里?

在安德森(Anderson)家后院高高的橡树上，松鼠奇克丝(Cheeks，又叫"腮帮儿")从她那用树叶搭成的小窝里向外张望着。此时正值清晨，大雾像棉被一样笼罩着山谷。奇克丝舒展伸展灰蒙蒙、毛茸茸的美丽身躯，四处张望。她感受到 8 月清晨温暖的空气，翘起蓬松的灰色大尾巴，抖动了几下。"腮帮儿"这个名字是安德森一家给它她取的，因为她每次在院子里悠闲漫步或飞奔而过，塞满了橡子的两腮总是鼓鼓囊囊的。

"我今天有事情要做!"她寻思道，想象着要把那些饱满的橡子收藏起来，为即将到来的寒冬时节做好准备。

奇克丝现在面临的最大难题并不是采集橡子。这里到处都是橡树和橡子，院子里所有灰松鼠加在一起也吃不完。问题是等到天气转冷、皑皑白雪把草地覆盖之后，如何才能找到橡子。奇克丝嗅觉灵敏，有时候能嗅出她自己之前埋下的橡子,但不是每次都能做到。她需要想出一种办法来记住自己是在哪里挖洞埋橡子的。奇克丝记性不好,而院子又太大,对她那个小脑袋瓜而言,要把所有挖过的洞都记住实在太难了。

太阳已经从东方升起,奇克丝从树上溜下来开始找果子吃。她还得让自己吃胖些,这样,在找不到东西吃的漫长冬日里才能不受冻挨饿。

"怎么办? 怎么办?"她一边摇着尾巴一边思索着。就在这时,她看见草地上有一片阴影,阳光照不到那里。地上那片阴影有一定的形状,阴影的一端位于树干与大地的交会处,另一端与树干之间有一小段距离。"我明白了,"她想,"我要把橡子都埋在那片阴影的尽头处,等天冷的时候再回来把它们挖出来。瞧我多聪明!"奇克丝自言自语,然后就开始采集橡子、挖洞贮藏。

第二天,她又找到另一片阴影,然后如法炮制。接下来几个星期时间里她都在忙着采集橡子、挖洞贮藏。这个冬天她肯定可以高枕无忧了!

几个月过去了,白雪覆盖了大地和丛林。奇克丝大部分时间都蜷缩在树上的小窝里。一个清新的早晨,天空刚刚放亮,她低头看到地上的阴影,与洁白明亮之处形成了鲜明的对比。突然,她胃口大开,想要尝一尝鲜美多汁的橡子。她想:"哦,对了。是时候把我埋在阴影尽头的那些橡子挖出来了。"

她从树上跳下来,飞快地穿过院子,跑向那片阴影的尽头。一团团雪花随着她飞奔的脚步不断被扬起,随后又飘落到大地。她心中暗想:"我真是太聪明了。我知道橡子在哪里。"她感觉自己已经快跑到树林边缘,而以前似乎没跑过这么远。但是她的记性不好,也就没管那么多。然后,她跑到那片阴影的尽头处,开始挖啊挖啊挖啊!

她不停地挖啊挖啊! 什么也没有! "也许我埋得深了点儿。"她想,有点上气不接下气。于是她挖得越来越深,还是什么都没有。她跑到另一片阴影的尽头开挖,依然什么都没有。她嚷道:"可是我明明记得是埋在这里的呀,它们都去了哪里?"她既生气又想不通。难道别的松鼠把橡子挖走了? 那样不公平! 难道它们凭空消失了? 这些阴影又是怎么回事?

两位教师分别是如何使用“橡子去哪了?”这个故事的

特蕾莎,资深2年级教师

每年新学期开学第一课,特蕾莎讲授的内容通常都跟“秋天和变化”相关。今年,她翻阅了《国家科学教育标准》(National Science Education Standards,NSES)之后,认为把第一课换成“天空和周期变化”也不错。既然影子是孩子们经常会注意到的现象,也是他们在操场玩游戏时经常会用到的东西(例如踩影子游戏),特蕾莎认为使用松鼠奇克丝(又叫“腮帮儿”)的故事恰到好处。

首先,特蕾莎认为非常重要的一点是,需要了解孩子们对太阳以及物体投射阴影的知识究竟掌握了多少。她想弄清楚哪些知识是孩子们和奇克丝都已经掌握的,哪些知识是孩子们掌握但奇克丝并不掌握的。她让孩子们围坐成一个圆圈,这样大家可以相互看见对方并听见对方的发言。然后,特蕾莎把故事念给孩子们听。她一边阅读一边留心观察,确保孩子们听明白奇克丝是在夏末的时候决定在哪里埋下橡子,而在冬天开始寻找。特蕾莎让孩子们说说自己对奇克丝所见到的那些影子有什么看法。她在一张记录纸上写下标题“目前我们的最佳思维榜”。孩子们发表自己的“高见”,特蕾莎在一旁如实记录:

- “影子每天都会变。”
- “影子在冬天变长。”
- “影子在冬天变短。”
- “影子每天都会变长。”
- “影子每天都会变短。”
- “影子根本不会变化。”
- “影子不是每天都出来。”
- “你动的时候影子也会动。”

她问孩子们是否可以在每句话里加一两个字,以便于大家一起去验证。这样,她把上述陈述句变成了如下的问句:

- “影子每天都会变吗?”
- “影子在冬天变长吗?”
- “影子在冬天变短吗?”
- “影子每天都变长吗?”
- “影子每天都变短吗?”
- “影子究竟会不会变化?”
- “影子是不是每天都出来?”
- “你动的时候影子也会动吗?”

特蕾莎让孩子们重点讨论通过哪些问题能够帮助奇克丝解决困境。孩子们选择了“影子在冬天会变长还是会变短?”以及“影子究竟会不会变化?”这两个问题。特蕾莎要求孩子们根据自己的经验来做出预测。有些孩子说,随着冬天来临影子会变得越来越长,有些孩子的观点恰恰相反。孩子们对于影子到底是否会发生变化虽然尚存疑问,但是他们一致认为随着时间的推移影子很可能会发生变化。如果他们能够找到证据证实影子确实会发生变化,那么这个问题就可以从列表中划掉。

现在,孩子们需要找出办法来解答那些问题并验证原先的预测是否正确。特蕾莎帮助孩子们了解什么是公平实验,问他们如何着手解决那些问题。孩子们几乎立刻意识到,应当每天对同一棵树的影子进行测量并做记录,而且应该在每天同一时间对同一棵树的影子进行测量。他们拿不准测量的时间有什么重要性,只是觉得这样做才能确保公平合理。尽管为所有问题找到各自相应的证据也很重要,但是特蕾莎认为,在目前阶段,要是让学生多管齐下、搜集多种问题的证据,可能会令他们感到无所适从。

特蕾莎查看了室外的地形后发现,大部分树木的影子在冬天都会变得太长,甚至延伸到教学楼上,难以测量。如果硬要这样做,虽然也不失为一种学习体验,但孩子们经过数月辛勤劳动后最终毁于一旦,非常容易产生挫败感。她决定说服孩子们用一棵人造“树”来代替,人造树很小,不会引发影子太长的问题。令她吃惊的是,孩子们没有任何异议,他们认为,“只要我们每天测量的是同一棵树,结果依然是公平的”。于是特蕾莎用木钉做了一棵大约 15 厘米高的树,孩子们坚持在顶端粘了一个三角形,使它看上去更像一棵树。

孩子们一起来到室外，选了一个太阳光线不受任何遮挡的地方，开始测量。特蕾莎担心孩子们还不能熟练使用直尺或卷尺，便让他们使用一根纱线测量影子从树干基部到树冠顶端的长度，然后把这根纱线粘在墙上的图表中，纱线下面标注测量的日期。孩子们很高兴这么做。

第一周，学生每三人一小组每日都到教室外进行测量。到了周末，特蕾莎注意到影子长度每天变化太小，也许应当让孩子们每周测量一次。这样效果就好多了，墙上的图表不再那么“拥挤不堪”，却依然能够显示出可能发生的重要变化。

数周之后，影子的长度明显每周都在增加。特蕾莎和学生们讨论影子变长的原因，学生们用手电筒实验，发现把手电筒放低的时候铅笔的影子会变长。如果是这样的话，太阳的高度肯定也变低了。同学们把这个观察结果也记录下来。后来，特蕾莎表示，她当初应该让学生每人都准备一个科学笔记本，这样就可以更清楚地了解每个学生对这个实验的看法。

纱线图显示的情况一清二楚，现在剩下的唯一问题似乎是“影子最终会变多长?”特蕾莎带领同学们重温了奇克丝的故事，同学们茅塞顿开：奇克丝埋橡子的实际位置或许比冬天影子指示的位置距离大树更近一些。特蕾莎继续讲授下一单元关于秋季变化的内容，但是每个星期依然往图表上增加一根纱线。特蕾莎感到欣慰的是，她可以同时讲授两个单元的内容，而且依然能够让孩子们在每周测量之后对这个实验兴致勃勃。寒假过后，孩子们发现影子开始变短，兴奋极了。实际上，影子变短的时间始于12月21日前后的冬至，但那时孩子们还在假期，直到元旦以后假期才结束。现在，问题又变成：“影子会继续变短吗？到什么时间为止?”冬去春来，整个学年接近了尾声。每个星期的测量活动仍在继续，每个星期同学们都对获得的数据进行讨论。图表上粘满了纱线，影子的变化趋势已经显而易见。影子从去年秋天开始测量时变得越来越长，而到了元旦以后开始变短。“影子会变多短呢?”“影子会短到没有吗?”这些问题被添加到了图表上。在学期结束前的最后一周，孩子们讨论他们的结论，他们确信秋天到冬天这段时间太阳位置比较低，物体投下的影子比较长，而新年过后太阳位置逐渐升高，影子逐渐变短。同学们还意识到季节也在变化，太阳位置越高意味着天气越暖，树木开始长出叶子。同学们已经开始学会思考天空中的季节变化，并把它们与季节循环联系在一起。至少特蕾莎是这样认为。

在6月最后一次小组碰头会上，特蕾莎问同学们，他们认为接下来的9月影子会变成什么样子？他们认真思考了一番之后说，既然影子越变越短，到了9月，影子肯定会消失不见或者短到无法测量。天哪！他们根本不知道“循环”这个概念，也难怪，因为他们还从来没就此讨论过。从图表上可以明显看出影子有继续变短的趋势，然而，特蕾莎知道到9月她就没有机会继续带领他们做这个实验，不过她打算跟3年级教研组谈一谈，请他们把这个实验至少再坚持做几周，这样孩子们将会看到今年9月与去年9月的数据相吻合。然后，孩子们也许会联想到季节变化，当然，这些体验在他们升入高年级后也有用处，因为季节及其成因是高年级大纲规定的内容。尽管这项研究工作存在上述种种缺憾，对孩子们而言却是一次非凡的体验，他们借此难得的机会设计实验并收集数据来解答松鼠故事中的问题，符合他们的知识发展水平。特蕾莎认为，同学们为了解决奇克丝遇到的难题，长时间进行实验调查、收集数据并得出结论，基本达到了教学目标，或者至少取得了一定进展。下一步，她将会跟3年级教研组谈一谈这个问题。

劳丽(Lore)，资深5年级教师

9月，我在学校工作的时候去劳丽任教的5年级班里征求意见。我给学生朗读奇克丝的故事，问他们认为这个故事最适合用于哪个年级。他们觉得2年级最合适。根据他们的观点，特蕾莎当初使用这个故事的决定似乎完全正确。

然而，特蕾莎开始使用这个故事一周后，我收到了劳丽的来信，向我诉说她的学生老是问她各种关于影子、太阳以及季节的问题，问我能否给予帮助。虽然5年级的学生坚持认为这个故事适合于2年级，但是他们也对这个故事着了迷，开始探讨影子的问题。这样一来，两个班级都对奇克丝遇到的难题表示出兴趣，而他们的知识水平处于两个不同层次。5年级学生的问题是关于影子的长短、方向以及季节性变化，他们会问“为什么会发生这样的变化?”劳丽想用探究方式来帮助同学们找到答案，然而需要一些帮助。虽说奇克丝的故事向他们的好奇心打开了一扇门，但是我们认为，或许编写一个关于海盗埋宝藏(跟奇克丝埋橡子类似)的故事更适合5年级学生去探索。

劳丽查阅《国家科学教育标准》关于5年级教学要求的部分发现，需要学生学会观察并描述太阳的位置和运动，以及研究天空中的自然物体及其运动方式。但是，我们认为，研究实验应当由学生们的问题做主导。劳丽对5E(engage(接触)，elaborate(梳理)，explore(探索)，explain(解释)，evaluate(评价))探究法很感兴趣，既然孩子们已经处于“接触”阶段，接下来便可进入“梳理”环节，劳丽需要深入了解学生的既有知识水平。因此，劳丽在下节课一开始就问学生，他们对奇克丝用到的影子以及影子成因“知道”多少。同学们说：

“影子上午较长，中午较短，下午又变长。”

“中午没有影子，因为太阳处于头顶正上方。”

“影子在每天的位置都是固定的，因此我们可以根据影子判断时间。”

“影子在夏天比冬天短。”

“你可以在地上竖一根棍子，通过它的影子来判断时间。”

跟特蕾莎一样，劳丽也把这些陈述句改成了问句，然后，他们进入了 5E 探究法的“探索”阶段。

幸运的是，劳丽的教室门正对着一片阳光充足的草坪。学生们制作了一些 30 平方厘米大小的木板，在木板中间钻了几个孔，每个孔里塞入一根牙签。他们在木板上贴上白纸，每半个小时在纸上沿着影子画线。每天下午，他们把木板拿回教室并讨论测量结果。关于每天放置木板的位置不同是否会产生不同结果，同学们讨论了很多。

他们收集的数据太多，情况变得有点复杂。一名学生建议使用幻灯片记录影子数据，然后把胶片叠放在一起看看影子发生了什么变化。大家都认为这个主意很妙。

劳丽向同学们介绍历书《老农年鉴》(Old Farmer's Almanac)以及日出日落和白天时长的图表，由此引发了一场令人兴奋的探究活动，还用到了数学知识。劳丽让学生观察某一天的日出和日落时间，计算白天的时长。同学们在计算时足足花了 10 分钟时间。劳丽让每个小组在全班面前演示他们的计算过程。同学们采用了至少 6 种不同的计算方法，大多数都得出了相同的答案。他们惊奇地发现，虽然采用的方法各种各样，但是殊途同归。同学们一致认为，有几种方法相对而言比较简便，使用 24 小时制是最容易的方法。令劳丽感到欣喜的是，学生找出的计算方法竟然那么多，他们通过这次科学探索必然对时间的理解更加深刻。

这件事也表明，孩子们有能力提高自己的元认知(对自己的思维方式进行反思)水平。研究表明[梅兹(Metz)，1995]，小学生不善于对自己的推理方式进行反思，但是，他们可以通过亲身实践或他人鼓励来做到这一点。如果学生要开展探究调查，元认知的作用非常重要，因为他们需要了解如何处理信息以及如何学习。在这个案例中，劳丽让学生解释他们是如何得出白天时长结果的，这样他们在解决问题的过程中思路变得越来越清晰。他们还可以从同学那里学会反思自己的思维过程，因为同学们所处的知识发展水平大体相当。小组讨论或者全班讨论的方式可以让老师借机深入了解孩子们解题的思路。学生在阐明解题技巧时，老师可以让他们具体说一说解题的思考过程：无论成功的经验还是失败的教训。学生们还可以利用笔记本记录他们如何思考问题以及找到答案的过程，由此促进元认知能力的发展。鼓励学生把解决问题的方法用口头或书面形式表达出来，能够帮助他们了解自己在将来如何更好地利用推理技能。

这里我需要提及的是，同学们继续收集数据的同时，劳丽则接着讲授其他单元的内容。她会定期抽出一两天时间重新回到关于影子的单元，以便学生能够及时处理他们的研究发现。几个月以后，学生已经准备好要做一个模型来解释他们的证据，只是尚需老师帮助。劳丽给学生提供了地球仪和黏土，以便他们把观测对象放置在地球仪的相应纬度上。学生使用手电筒来重复自己的实验。由于所有地球仪都是倾斜 23.5 度，于是引出了一个问题：地球仪为什么都要制造成这样？接下来就进入了“解释”阶段，劳丽提示同学们想一想，能否利用地球的倾斜现象来解释影子以及太阳在天空中的视运动。

学生们制作了海报，用以解释地球倾斜以及每年地球围绕太阳转动如何造成季节更替。他们对自己的理解水平进行“评价”，并予以适当“拓展”。劳丽认为，这是一次非常成功的“6E”探究教学实践，涵盖了接触、梳理、探索、解释、评价以及新增的拓展(extend)阶段。

参考文献

Konicek-Moran, R. 2008. *Everyday science mysteries.* Arlington, VA: NSTA Press.

Metz, K. E. 1995. Reassessment of developmental constraints on children's science instruction. *Review of Educational Research* 65 (2): 93–127.

Yankee Publishing. *The old farmer's almanac,* published yearly since 1792. Dublin, NH: Yankee Publishing.

第一章
本书的理论背景

我们都曾听说，人们往往把科学课堂上出现的任何活动都称为“实验”。实际上，鉴于当今的科学课程授课方法，真正的实验几乎不存在。按照实验的定义，实验是用来验证假设，而这些假设在当今的科学教学中几乎不存在。假设是任何实验的一个必要组成部分，是人提出来的，他或她花费大量时间沉迷于某一个难题，感觉有必要提出一个理论来解释自己迷惑不解的地方。

然而，即使没有适当的假设，我们也可以研究自己面对的问题，这种做法既常见又合理。我们可以采取“公平实验”方式进行研究，这种做法可能尤其适合小学课堂，因为小学生往往没有足够的经验，无法提出具有真正科学意义的假设。不久前，我曾问一个四年级女生什么是“公平实验”，她回答说：“公平实验就是结果是我所期待的实验。”我们可以想见，即使到了小学四年级，学生们依然不知道如何适当控制变量。我们有必要重申这一点。

假设不仅仅是猜测。假设往往包含“如果……那么……”的语句，例如，“**如果**我站得距离镜子越远，**那么**我在镜子中看到自己的身体部位就越多。”在学校科学课程中，预测也不应当仅仅是猜测或预感，而应当建立在经验和缜密思考的基础上。要求孩子们对自己的预测做出合理的解释，这是一种很好的办法，可以帮助他们看出猜测与预测之间的区别。

大多数学校的科学课程都缺乏两个要素：学生需要充分的*时间*去认真思考那些*在现实生活中具有意义*的问题。可能的情形是，学生往往拿出一定的时间去“涉猎”某个领域的研究（比如池塘生物），他们阅读相关资料，观看模型展示，跟专家一起到池塘实地考察，单人或集体撰写关于池塘各种动植物的报告，利用鞋盒制作池塘模型或利用纸张制作巨幅海报等。或者,他们可能对太阳系进行研究,根据各大行星的具体数据撰写科学报告,全班制作一个太阳系模型挂在教室的天花板上,认为这样就大功告成。这些做法当然很有趣,但是问题在于,学生不可能从这些做法中发现真正的问题,他们不需要开动脑筋,不需要利用集体智慧苦思冥想、提出假设或实验验证。

你肯定注意到,大多数科学课程都含有一系列"批判性的"活动,学生通过参与这些活动可能找到理解某一概念的钥匙。在大多数情况下,人们往往认为,学生开始学习某一新单元之前已经具有关于某些概念的常识或前概念(preconception),而批判性的活动有助于学生理解那个科学概念。这种想法极其有害,因为研究表明,学生在开始学习新东西之前前概念水平不尽相同。这些知识不仅在学生的大脑中根深蒂固,而且极难改变。如果学生的知识水平跟事先设计好的教学活动没有多少关系,尤其是如果老师不充分了解学生的前概念,那么让他们参与这些事先设计好的活动便毫无意义。

邦妮·夏皮罗(Bonnie Shapiro)在其著作《孩子们如何发现光的秘密》(What Children Bring to Light)(1994)中以毋庸置疑的细节向我们指出,一位用心良苦的科学教师如何引导学生进行一系列关于光的性质的活动,却不知道班里学生都存在同样的误解:人之所以能够看见物体,是因为人用眼睛去观看,而不是因为来自物体的光线反射进入人的眼睛。这些活动用意虽好,却是在做无用功,因为尽管学生已经"搞定老师"(而不是搞定问题),能够填写相关表格并在本单元学习结束时通过考试,却始终对下面这个关键概念持怀疑态度:来自物体的光线反射进入人的眼睛,让人看见了物体。"*搞定老师*"意味着学生对老师的行为、技巧、语言方式和教学方法了如指掌,他们能够准确预测老师有什么想法,什么事情能让老师高兴或生气,如何表现才会让老师相信他们已经学到并掌握她希望传授给他们的概念。

埃莉诺·达克沃斯在其专著《发明密度》(Inventing Density,1986)中说道:"批判性的实验本身并不能告诉你任何东西。一个人必须在实验之前就完成研究工作的绝大部分。一个人必须首先形成一整套理念,然后才能利用实验加以验证。"这可能是本书最重要的一段引语!

教师如何能够判断学生是否形成了一整套内嵌课堂活动的理念?教师如何能够发现学生脑海中是否存在关于将要学习内容的错误想法?我相信,本书可以为这些问题提供一些答案,并为纠正上述错误提供一些建议。

探究究竟是什么?

关于“探究式教学”,可能还没有一个确切的定义,目前,这方面公认的权威是国家研究委员会(NRC,National Research Council)和美国科学发展协会(AAAS,American Association for the Advancement of Science)。毕竟,这两家机构分别制定了《国家科学教育标准》(1996)和《科学素养基准》(Benchmarks for Science Literacy,1993),而大多数州的课程设立标准均依此为基础。因此,我将使用它们给出的定义,并把该定义贯穿于全书之中。国家研究委员会在《探究和国家科学教育标准:教学指南》(2000)中指出,必须具备以下5个基本要素,才能称得上真正意义的探究教学:

(1) 学生参与以科学为导向的问题研究。

(2) 学生面对问题时首先注重证据。

(3) 学生从证据中找出合理的解释。

(4) 学生把解释与科学知识联系起来。

(5) 学生把解释拿出来相互交流并加以论证。(第29页)

实际上,国家研究委员会大力提倡,学生在校期间随着年龄增长,应当更多依靠自己而逐渐减少对教师的依赖。国家研究委员会还明确指出,并非所有的科学课程都应当采取同样的教学方法。采取灵活多样的方法进行科学教学,不会让学生感到枯燥乏味,而且效果更为明显。向学生做示范,引导学生进行讨论,让学生解决老师提出的问题、加入富有创造性的科研活动等,这些都是切实可行的教学方法。然而,国家研究委员会也建议,无论采取哪种教学模式,都应该具备以下共同点:

(1) 学生参与科学问题、事件或现象的研究,而这些问题、事件或现象与他们已经具备的知识存在联系,却又与他们既有的观点不一致。换句话说,他们通过对科学现象的研究来纠正自己的前概念。

(2) 学生直接接触科学材料,提出假设,验证假设,并对已发现的问题找出合理的解释。

(3) 学生对各种材料进行分析、阐释,根据材料开发各种模型并找出合理的解释。

(4) 学生把新学到的知识在新的环境中加以应用。

(5) 学生培养自己的元认知能力(对自己的思维过程进行反思),回顾自己学到了什么以及如何学到的。(第 35 页)

你会发现,利用本书中的故事激发学生积极参与探究式科学学习过程,你和学生将有机会实现上述各种目标。

著书原因

根据《科学教育》(Science Education)杂志关于当前科学教育思想的一篇总结文章,“一个结果似乎反复出现:如果学生在课堂上通过诱导式的动手实践学习科学,既得到充满爱心的老师鼓励,又获准与同学一起处理遇到的各种问题,那么他们在离开科学课堂以后,对待科学的态度会更加积极,(并且以自己有幸亲身参与科学探索而倍感自豪)”(1993)。

这本书(尤其是书中的故事)给学生提供了宝贵的机会:他们在学习上可以当家做主;正如上面引文所言,以这种方式学习,将会促使他们对科学持有更加积极的态度;他们乐意跟同学和老师一起学习。若要充分利用本书中的故事,就需要学生进行小组讨论、勤动手、多动脑,还需要老师热情帮助。

故事

本书的故事有点像侦探小说,侦探小说最后一节总是由聪明的侦探解开谜团,不仅告诉读者“是谁干的”,而且讲述她是如何查出真相的,本书的故事则故意略去最后一节。书中故事的设计思路是,让学生们变成侦探,寻找“嫌疑犯”(假设或预测),展开调查(实验或调查),找出“是谁干的”(结果)。换句话说,需要学生自己续写故事的结局或者多种可能的结局。正如达克沃斯建议的那样,置身于故事中的情景,学生们从一开始就逐渐形成“一整套内嵌各种科学活动的思想体系”(1986,第 39 页)。学生还是科学活动的设计者,因此会全力以赴寻找合理的答案。我希望学生们搞定问题而不是搞定老师。然而，我想再强调一下，我们都应该明白，成功的学生确实也需要花精力来搞定他们的老师。

在一个故事（"佛罗里达汽车"）中，安伯（Amber）对生锈以及生锈的成因怀有疑问。她注意到生锈现象无处不在。当哥哥有意购买一辆来自佛罗里达的二手汽车时，她想弄明白生锈的前因后果，并想弄明白哥哥为什么非要买来自佛罗里达的汽车。她亲自用钉子做试验，试图找出哪些成分参与了物体生锈的过程。的确，这样的研究过程与结果正是科学本身。这个故事还意味着问题的"主动权"掌握在学生手中。这就是我们所说的"自己动手、自己动脑"的科学教育方式。老师应当相信学生有能力发现问题并通过实验得出结论，这一点在科学教学中至关重要。在书中的每一个故事中都会给出具体建议，帮助老师如何引导学生从阅读故事转向发现问题、提出假设以及调查研究，最终找到问题的答案。

通过探究方式学习科学是当今教育的基本原则。你也许会问："相反的学习方式是什么？"那就是把科学当成一成不变的信息、理念和原理死记硬背，毫不理会这些东西的来龙去脉。显然，我们不可能指望学生有能力发现各种科学模型与概念。然而，我们衷心希望他们能够把科学探索与验证过程当成一种享受。我们还希望他们能够明白，科学研究不仅仅是课堂上发生的那些事情，他们在日常生活中遇到的种种事情都与科学息息相关。种子播种以前先要浸泡一段时间，刮除汽车挡风玻璃上的冰霜，让物体沿着斜坡滚下去，这些只是日常生活与科学息息相关的几个常见例子，通过这种方式可以培养我们的思维方式，建构我们了解世界的新知识。

本书共有 15 个故事，分别针对不同的概念领域，例如热力学、热能、地质学、蒸发、冷凝、气压、化学变化、人体生理学以及夏令时等。老师可以把每个故事复印分发给学生阅读与分组讨论，或者，老师把故事大声朗读给学生听，由全班共同讨论。在讨论过程中，老师的主要任务是，帮助学生发现一个或多个问题，并帮助他们设计各种方案找出问题的答案。

大多数故事还包含几个"干扰项"（又称常见的错误概念或相异概念）。故事里的人物讨论问题情境时往往众说纷纭，我们便把干扰项巧妙地安插其间。例如，在"粉碎机在这里"这个故事里，一家人就汽水瓶为什么被挤瘪而争论不休，每个人都发表了自己的不同看法，而这些观点往往包含很多错误观念，我们知道，无论孩子还是成人普遍持有这类错误观念。这些常见的错误概念从哪里来，它们又是如何产生的？

思维模式的发展

直到不久前,教育实践留给人们的印象是,儿童或成人在接触新的学习内容时,他们原先拥有的知识储备对学习新内容并无促进作用。然而研究表明,在几乎任何情况下,学习者为了解释日常生活中遇到的各种现象,头脑中已经形成自己特有的思维模式[布兰斯福德(Bransford)、布朗(Brown)和科金(Cocking),1999;沃森和科尼赛克,1990;奥斯本(Osborne)和弗雷博格(Fryberg),1985]。我们都见过月亮和月相。我们都有过下面这样的体验,把手放在不同的物体上会感到温度有所不同。我们都见过物体处于运动之中,或者乘坐过汽车或飞机等正在移动的物体。我们都经历过力的作用,作用在物体上或自己身上。我们都会尝试寻找各种办法,最终形成自己特有的思维模式,按照自己满意的方式解释这些现象。或许,很多人都读过书或者看过电影、电视,他们尝试借用书籍或影视中呈现的方法或图像形成自己的思维模式。或许,他们曾经在课堂上听到老师或者其他同学讨论这些现象。在电影《私人宇宙》(A Private Universe)[施耐普斯(Schneps),1986]中,几乎所有接受采访的哈佛大学毕业生和老师都对季节更替的原因或月相变化的原因存在一些错误认识,而他们中很多人都曾在高中或大学上过高级科学课程。

根据目前流行、占主导地位的建构主义学习理论,一个人一生中的各种体验都会进入他的大脑思维之中,这些体验要么被大脑接受,要么被拒绝,甚至被修正,以适应头脑中固有的思维模式。然后,这些模式在日常生活中被用于预测可能出现的结果,以此检验它们是否有效。如果一个模式行得通,就会被接受;如果行不通,人们就会对其进行修正,直到自己认为满意为止。不管怎样,这些模式存在于每个人的大脑之中,一旦遇到新情况,就会被唤醒。有些模式或许与当今的科学思维一致,然而,它们通常属于“常识科学”,与当今的科学思维背道而驰。

导致这种现象产生的原因之一在于,科学思维往往与人们的直觉思维恰恰相反。例如,当你把手放在房间里的一块金属上,你会感觉很凉;如果放在同一个房间里的木头上,则感觉较为暖和。很多人就会推断,金属比木头的温度低。然而,把各种物体放置在同一房间无论多久,它们的温度都是相同的。其实,当你把手放在金属上时,手的热量会很快传递至金属,于是你感觉金属很凉;如果放在同一房间里的木头上,则“感觉”木头较为暖和。换句话说,我们的感觉愚弄了自己,让我们误以为金属比其他任何物体都冷，殊不知房间里的一切物体都处在室温状态下。因此，我们得出了错误结论：金属物体总是比房间里其他物体都要凉。的确，如果你从一间房走到另一间房，用手触摸很多物体之后，你的错误观念会不断得到强化，变得越来越难以纠正。

这些观念有很多种叫法：误解、前概念、儿童思维或常识性观点。它们有两个共同点：它们在人们的头脑中根深蒂固，非常难以改变。最后，如果任由其发展下去，这些概念将会左右学生的思维方式，你无论采取什么方法解释某个科学知识要点（例如热传递），他都会拒之门外。

为什么要讲故事？

讲故事是吸引人注意力的有效方法。自从有历史记载以来，甚至或许比这还要早，故事就在人类中间出现，并被广泛使用。神话、史诗、口头历史、民谣、舞蹈等，人类利用这些形式把文化一代代传承下去，永无止境。

任何人只要在教室、图书馆或床头等处听过或读过故事，就会感受到构思巧妙、扣人心弦的故事魔力之所在。故事有开头、有过程、有结尾。

本书故事和大家熟悉的很多故事开头都一样：地点是家里或教室里；孩子们与兄弟姐妹、朋友或同学一起互动；在家里发生的故事中，一般会有父母或其他成人。然而，本书故事与传统故事的相同之处仅此而已。

科学故事通常都有一个主题或科学话题，往往给出大量事实、原则，或者给出一组插图或照片等，旨在向学生解释目前科学家对该主题的认识水平。多年来，科学书籍大都是回顾迄今为止的科学发现。这些书在教育中占有一席之地，不过，孩子们在阅读时得到的印象往往是这样的：科学家们开展研究工作，然后就奇迹般地"发现"了书中描述的各种科学真相和事实。但是，正如马丁（Martin）和米勒（Miller，1990）所言："科学家不仅仅是从自然中找出各种看似毫不相干的事实。科学家想要寻找的是一个*故事*［强调，为笔者所加］。自然而然，这个故事的特点必定是*神秘*［强调，为笔者所加］。既然这个世界不肯向我们轻易吐露它的秘密，科学家就必须耐心细致地进行观察。"

随着本书故事逐渐展开，故事的发展与主人公的预期不一致，由此激起他们浓厚的兴趣，禁不住要刨根问底："这是怎么回事？"最重要的是，我们的故事结局与传统的故事不同,我们的故事具有马丁和米勒所谓的“神秘”特点,结尾往往给读者留下悬而未决的问题,吸引他们亲自去探索并撰写结局。

这些故事没有设置专家来解决问题、解释答案,也没有“科学博士”①给读者答疑解惑。父母、兄弟姐妹和朋友可能会发表各自的看法,提出实验方案供你参考,而你的任务就是要变成科学家,自己动手解决故事中的问题。

参考文献

American Association for the Advancement of Science (AAAS).1993. *Benchmarks for science literacy.* New York: Oxford University Press.

Bransford, J. D., A. L. Brown, and R. R. Cocking, eds. 1999. *How people learn.* Washington, DC: National Academy Press.

Duckworth, E. 1986. *Inventing density.* Grand Forks, ND: Center for Teaching and Learning, University of North Dakota.

Martin, K., and E. Miller. 1990. Storytelling and science. In *Toward a whole language classroom: Articles from language arts, 1986–1989*, ed. B. Kiefer. Urbana, IL: National Council of Teachers of English.

National Research Council (NRC). 2000. *Inquiry and the national science education standards: A guide for teaching and learning.* Washington, DC: National Academy Press.

Osborne, R., and P. Fryberg. 1985. *Learning in science: The implications of children's science.* Auckland, New Zealand: Heinemann.

Research on learning. 1993. *Science Education* 77 (5): 497–541

Schneps, M. 1986. *A private universe project.* Harvard Smithsonian Center for Astrophysics.

Shapiro, B. 1994. *What children bring to light.* New York: Teachers College Press.

Watson, B., and R. Konicek. 1990. Teaching for conceptual change: Confronting children's experience. *Phi Delta Kappan* 71 (9): 680–684.

① 科学博士(Doctor Science):此处有可能是作者仿照“华生医生”(Doctor Watson)造的词,在《福尔摩斯探案集》中,通常是华生医生对案情的来龙去脉进行条分缕析——译者注

第二章
如何使用本书以及书中的故事

老师的教学任务繁重，他们往往很难设计出一些与学生日常生活经验相关的课程或活动。本书一个主要前提是，如果学生能够亲眼看到科学知识在实际生活中得到应用，那么他们就会积极开展既动手又动脑的科学实验，密切关注实验的结果。数十年来，科学教育工作者一直强调，学生在学习科学的过程中亲身体验科学实验极为重要。我坚信，利用具有开放式结局的故事能够激励学生动手做一些具有真正科学意义的实验，这种做法使他们朝着上述目标迈出了重要的一步。我还坚信，学生一旦看到自己的学习和实验具有实实在在的成效，就会更加容易理解所学的科学概念。我真诚希望，本书内容能够减轻老师沉重的教学负担，他们无须挖空心思从零开始自己设计课程或活动。

这些故事描写的都是孩子们在自然环境中的经历，例如在家里、在运动场上、在聚会中、在学校或在户外等。学生应当把自己想象成故事里的人物，对他们的挫折、忧虑和疑问等感同身受。老师最重要的任务是，为学生开展调查研究提供指导与帮助，听取实验活动的情况汇报，判断学生对实验结果与结论的分析是否合理。学生往往需要老师帮助才能进入下一阶段，从而提出新的问题，找到解决这些问题的方法并得出结论。我们的科学教育理念是，我们相信孩子们有能力并且有意愿去关心学习中遇到的各种问题，乐于亲力亲为。这种做法对孩子学习任何一门课程而言都能起到提高与促进作用。简而言之，学生在学习课程中应当占主导地位，由于学习兴趣是他们在实验活动中遇到问题时自发产生的，与被动追随他人主导下产生的兴趣相比，持续时间更为长久。

一位老师对我说，她遇到的最大问题之一是，不知如何引导学生对他们研究的课题提起“兴趣”。她说,学生们只是做做样子、走走过场。或许这个问题对你而言也并不陌生。我希望这本书能够帮助你们解决这一问题。我们很难做到让每节课都契合每个学生自身的状况。然而,只要我们平时对日常现象多加留意、引导学生细心观察,我相信我们能够洞察他们的兴趣所在。

如果你打算制订探究教学计划,我强烈推荐以下图书作为辅助材料。首先特别推荐的5本书是佩奇·基利(Page Keeley)等人合著、国家科学教师协会出版社出版的《了解学生的科学想法》(Uncovering Student Ideas in Science,1、2、3、4册),以及佩奇·基利著、科文出版社(Corwin Press)和美国科学教师协会出版社联合出版的《科学课程话题研究》(Science Curriculum Topic Study)。《了解学生的科学想法》这套书能够帮助你发现学生在进入课堂之前已经拥有了什么样的前概念。《科学课程话题研究》旨在帮助老师在设计标准化的教学单元内容时为其提供必要的背景知识。

我还强烈建议你阅读罗伯特·海森(Robert Hazen)和詹姆斯·特利菲尔(James Trefil)合著的《科学问题:培养科学素养》(Science Matters: Achieving Scientific Literacy)。这本书在很多科学问题上可以为你提供帮助。这本书的语言简明扼要、表述准确得当,在你需要的时候可以为你提供必要的背景知识。还有一本特别有用的著作《搞懂中级科学:洞察孩子的想法》[Making Sense of Secondary Science: Research into Children's Ideas,德赖弗(Driver)等,1994]。本书书名容易让美国老师产生误解,这是因为在英国小学水平以上的科学知识都被称为中级水平。《搞懂中级科学:洞察孩子的想法》是关于儿童科学思维研究的汇编,对老师们而言是必备的书籍。

1978年,戴维·奥苏贝尔(David Ausubel)就教学问题说了一句最简单却切中要害的话:“影响学习的最重要因素是学习者原先已经拥有的知识储备。老师弄清楚这一点之后,在教学中才能做到有的放矢。”我们给每个故事配备的背景材料旨在帮助你了解学生对相关主题已经知道哪些知识,帮助你在设计教学方案时如何利用他们已有的知识。上述几本书可以作为本书的补充,帮助你进一步深入了解探究式教学法。

那么,为了帮助你设计并教授以探究为基础的科学课程,本书内容结构是如何安排的?

本书内容安排

本书故事分为 3 个部分:地球与空间科学故事 5 篇、生物学故事 5 篇、物理学故事 5 篇。每一部分开头有一幅概念矩阵图,你可以根据教学内容选择与相关内容最匹配的故事。仔细查看这一矩阵,你可以在各个章节中找到相应的故事和背景材料。请注意,地球与空间科学的科学故事谜题特意融合了生物学和物理学内容,因为它们涉及日常科学的方方面面。

表 2.1　本书故事和《了解学生的科学想法》一书故事的主题交叉

本书里的故事	《了解学生的科学想法》			
	第一册	第二册	第三册	第四册
坑里的水去了哪里?	湿牛仔裤	无	什么是假设? 云是由什么构成的? 降雨	热水
可能性有多大?	无	无	什么是假设?	它会落在哪里?
粉碎机在这里	无	无	什么是假设?	无
夏令时	无	夜晚的黑暗; 天空中的物体	它是理论吗? 我和影子; 星星去了哪里?	无
拜尔山一日游	探讨地球引力; 海滩沙子; 山脉的年龄	这是岩石吗(1和 2);山顶的化石	地球的质量	无
泡泡糖带来的麻烦	无	无	做科学研究; 什么是假设?	它是食物吗?
啪,啪	密封罐里的秧苗	它是植物吗? 种子的需求; 它是植物的食物吗?	做科学研究; 什么是假设? 它有生命周期吗? 呼吸	它是食物吗?
心跳感觉	人体基础知识	无	做科学研究 什么是假设?	它是系统吗?

续 表

本书里的故事	《了解学生的科学想法》			
	第一册	第二册	第三册	第四册
搭便车	生物的功能	无	它有生命周期吗?	适应; 它更合适吗?
万圣节科学	它是生物吗?	它是植物吗? 种子的需求; 它是植物的食物吗?	做科学研究; 什么是假设? 它有生命周期吗?	适应; 它更合适吗?
发热的衣服?	手套问题; 物体和温度	无	温度计; 什么是假设?	热水; 它是系统吗?
打滑的玻璃杯	它是由分子构成的吗? 湿牛仔裤	冰冷的柠檬汁	水从哪里来?	无
圣伯纳德犬	无	无	做科学研究; 什么是假设? 萨姆的小狗	单脚站立
佛罗里达汽车	生锈的钉子	无	做科学研究; 什么是假设?	无
会跳舞的爆米花	无	立方体比较; 漂浮的原木; 高低浮动; 固体和小孔	飘浮的气球	无

从第五章起，每一章的内容安排基本相同：首先是故事本身，然后是使用该故事的背景材料。背景材料包含如下几个部分：

目的

这一部分描述的是与故事相关的概念或主题。简而言之，它告诉你该故事在某个科学概念体系中所处的位置。当然，我们还可以把这一组概念放在更大的概念体系之中。

相关概念

概念是人类利用抽象方式从一群事物中提取出来的反映其共同特性的思维单位，表现形式为词或短语，例如冷凝、侵蚀、热传递及概率等。本书中每个故事旨在探讨一个概念，然而往往会涉及好几个概念。你会发现，教师背景材料中列出了可能存在关联的几个概念清单。你还应该查看一下那张故事与相关概念的矩阵图。

不要惊讶

大多数情况下，这部分内容主要是，预测学生在读完故事之后可能会做什么以及有什么反应。这些预测与故事内容有关，然而更侧重于学生对相关概念的理解程度。同样，我们做出的解释也会与故事内容相关，然而也侧重于学生对概念的理解过程。学生可能会在课堂上提出一些不同的概念，本书也为此给出了参考答案。在备课过程中，你甚至有必要自己动手做一做那些预测的活动，只有这样才能从容应对学生可能提出的不同观点。例如，就故事“啪，啪”而言，你在要求学生做实验之前最好自己首先使用各种各样的豆子进行试验，这样，你才能知道学生将会把什么样的数据拿到班级讨论，并了解他们可能会提出什么问题。

内容背景

这部分内容是就每个故事涉及的概念为你举办一个速成的“培训班”，当然，本部分材料并不是很全面，但是提供了足够的信息，让你在使用故事本身以及设计课程与实际上课的时候做到游刃有余。大多数情况下，你还可以参考书籍、报刊以及互联网等的相关内容，以便自己对教学内容做好更充分的准备。重要的是，你对自己准备教授的内容应当充分了解，只有这样才能顺利引导学生进行探究式学习。当然，你不一定要成为所教内容的专家。与学生一起学习，能够帮你了解他们的学习方式，你还可以加入他们的学习小组，共同探讨各种自然现象背后的科学原理。

《国家科学教育标准》(1996)和《科学素养基准》(1993)中的相关概念

这两份文件被视为国家标准，大多数州以及地方标准文件均以此为依据。因此，本书故事中列举的概念几乎可以肯定完全符合你们当地的教学大纲要求。故事中有些概念虽然在国家标准中没有明确提出，但是存在密切关系。我建议你读一读《科学课程话题研究》(基利,2005),你在这本书中能够找到关于教学内容、学生的前概念、科学标准以及其他各种信息资源。虽然我没有在每个故事中专门提及,但是你可以认为所有故事都与《国家科学教育标准》和《科学素养基准》中探究学习部分的"标准A"相关联。

如何在幼儿园至4年级和5~8年级使用这些故事

这些故事已经在各个年龄段的孩子中间试用过。我们发现,书中概念适用于各个年级,只是深浅程度不同。有些故事的主题内容和角色设定在某一年龄段的孩子中可能会产生更多共鸣。我们只需要把人物的性格特征或者把人物的说话口气稍加改动,就能够吸引高年级或低年级的孩子们。故事主题应当保持不变,只需要对人物和情境进行一些改动。请参阅关于在高、低两个年龄段学生中使用故事的建议。

正如你在绪论部分的案例研究中所看到的那样,年级高低差异对决定哪些故事适合哪个年级的学生并不重要。两个年级都可根据各自的知识水平提出不同的假设并进行实验。2年级学生发现了树影的长短在一学年期间的变化,对此感到非常满意;而5年级的学生能够开展更复杂的研究,其中涉及白昼时间长短随季节变化而不同、影子方向随时间变化而改变、影子长度在一年时间里发生变化等。关键在于,我们在刻画某些故事中的角色时,应根据需要特意让他们更适合某个年龄段的学生。再次重申,我建议你把关于在幼儿园至4年级和5~8年级"使用故事"进行教学的部分都读一读,因为其中任何一部分提到的概念都有可能适合在你的学生中使用。

你不需要使用高端技术设备。所需材料通常在厨房、浴室或车库等地都能轻易找到。每一章都包含该故事所涉原则和概念的背景知识,并为你提供所需材料的清单。这些建议都是我们根据自己的亲身经历提出的,因为我们曾经在孩子们中间试用过这些故事。虽然各地的教室、学校和学生大相径庭,但是我们认为,孩子们面对故事时的反应往往是提出问题并寻找答案,大多数人在童年时期都会经历这样的成长过程。与故事有关的问题等待学生解决,最重要的是,它们还会引发更多新问题,等待这些小科学家们进一步探索。

本部分还提供了一些教学建议,可以帮助你的学生积极参与探究学习,主动发现问题并最终给这些故事添加完整的结局(你一定还记得我们故意没有给故事设定结局)。本书没有给出具体的教学步骤或者一整套教学计划。显然,没有人比你更了解你的学生,了解他们的能力、学习水平以及优缺点等。不过,你会发现我们的一些建议和技巧对你开展探究教学很有帮助。你可以直接采用本书所给出的建议,或者根据自己的教学情况适当修改。关键在于,你应当充分激发学生的学习热情,让他们积极投身于解答故事谜题的行动之中。

国家科学教师协会出版社出版的相关书籍和期刊文章

国家科学教师协会为教师准备的教学资源与日俱增,我们将在本部分精选一些图书和文章。我们列举的清单难免挂一漏万,欢迎访问网站 www.nsta.org/store 查阅全部资源。国家科学教师协会会员可以免费在线阅读所有文章。

参考文献

关于每个故事背景部分所引用的文章和研究成果,我们将列出相关的参考文献。

概念矩阵

在每一学科(地球与空间科学、生物学以及物理学)的故事部分开始之前,我们都会给出一幅概念矩阵图,图中分别列出了与每个故事关系最密切的概念。可以根据这幅图选择最符合你教学需要的那个故事。

结语

我欣喜地发现,国家科学教师协会前会长迈克尔·帕迪拉(Michael Padilla)曾经提出一些问题,而它们与我当初决定要撰写关于探究教学参考书时提出的问题惊人的一致。在 2006 年 5 月号的《国家科学教师协会报告》中,帕迪拉先生在“会长致辞”中说道:“为了在未来具有更强的竞争力,学生必须培养创造性思维能力,有能力解决问题,善于进行推理,积极学习新的、复杂的概念……(探究)能力是指:学习者能够像科学家那样思考,甄别哪些问题需要深入研究;能够开展步骤复杂的工作,排除各种杂念,专注于手头的研究;能够与同事一起探讨、切磋与争论;并根据各种反馈结果及时调整研究工作。”接下来,他问道:“谁提出问题?……谁设计实验步骤？……谁决定收集哪些数据？……谁根据数据进行阐释？……谁把结果拿出来与他人分享并加以论证？……什么样的课堂气氛能让学生在探究教学中踊跃参与解决难题？”

我相信，本书针对的就是上述问题，书中提供的技巧就是解开问题答案的钥匙，在理想的科学课堂上，开展这些活动的主体是“学生”。

参考文献

Ausubel, D., J. Novak, and H. Hanensian. 1978. *Educational psychology: A cognitive view.* New York: Holt, Rinehart, and Winston.

Driver, R., A. Squires, P. Rushworth, and V. Wood-Robinson. 1994. *Making sense of secondary science: Research into children's ideas.* London and New York: Routledge Falmer.

Hazen, R., and J. Trefil. 1991. *Science matters: Achieving scientific literacy.* New York: Anchor Books.

Keeley, P. 2005. *Science curriculum topic study: Bridging the gap between standards and practice.* Thousand Oaks, CA: Corwin Press.

Keeley, P., F. Eberle, and C. Dorsey. 2008 *Uncovering student ideas in science: Another 25 formative assessment probes, vol. 3.* Arlington, VA: NSTA Press.

Keeley, P., F. Eberle, and L. Farrin. 2005. *Uncovering student ideas in science: 25 formative assessment probes, vol. 1.* Arlington, VA: NSTA Press.

Keeley, P., F. Eberle, and J. Tugel, 2007. *Uncovering student ideas in science: 25 more formative assessment probes, vol. 2.* Arlington, VA: NSTA Press.

Keeley, P., and J. Tugel. 2009. *Uncovering students ideas in science: 25 new formative assessment probes, vol. 4.* Arlington, VA: NSTA Press

Konicek-Moran, R. 2008. *Everyday science mysteries.* Arlington, VA: NSTA Press.

Konicek-Moran, R. 2009. *More everyday science mysteries.* Arlington, VA: NSTA Press.

Padilla, M. 2006. President's message. *NSTA Reports,* May.

第三章
使用本书的不同方法

撰写本书的初衷是为老师或成人面向幼儿园至 8 年级学生在非正式场合中使用的，尽管如此，既然书中故事和内容背景材料是为那些以探究方式进行教学的教师准备的，那么老师在使用过程中可以采取灵活多样的方法。下面我略举一二，介绍此书除了可以用于中小学等正式场合之外，还有其他不同的使用方法。

把本书作为教学指南

马萨诸塞大学邀请我为教育专业的硕士研究生讲授一门课程，我便决定把《日常科学之谜》这本书作为教材之一。本书的一个主要前提是，学生一旦对自己提出的问题产生浓厚兴趣，便会根据自己现有的智力发展水平和学习技能进行深入钻研。因此，尽管这些故事是为小学生设计的，但我班里的研究生也能够从中发现与他们知识水平相适应、具有一定复杂性和挑战性的问题。

2007 年秋季学期，在马萨诸塞大学阿默斯特分校，本书被作为一门名为“通过探究方式探索自然科学”课程的课本和教学指南。这门课程的大纲摘要如下：

通过探究方式探索自然科学

EDUC 692 O

2007 年秋

授课教师

理查德·科尼赛克博士，荣誉教授

课程描述

本课程面向中小学教师,他们不仅需要提高自身对自然科学知识掌握的水平,而且需要了解如何把探究法应用于中小学课堂教学。自然科学包括生物科学、地球与空间科学以及物理科学等。教师需要利用探究技巧从上述科学领域选取若干主题进行探讨。所选主题均来自于日常现象,例如天文学(月亮与太阳观测)、物理学(运动、能量、热力学、声音以及周期运动)和生物学(植物学、动物学、动植物行为以及生物进化)等。

课程目标

预期学习目标:

- 了解自然科学三大领域的背景知识。
- 能够把这些知识融入教学之中。
- 就某一自然现象提出相关问题。
- 设计实验并利用实验回答问题。
- 分析实验数据并得出结论。
- 利用各种资源证明结论的合理性。
- 阅读与研究内容有关的科学文献。
- 把学到的理论与方法应用于教学之中。

与教育学院制订的概念框架之间的关系

合作:教师在班会期间应当以小组合作的方式,学习科学知识以及教学方法与技巧。

反思实践:教师应当与学生一起探索并制订形成性评价标准。

通过多种渠道获得知识:教师之间应当把科学问题以及使用探究方法解决问题的经验拿出来分享。

评判、公平与公正:教师应当根据学生撰写的故事判断他们的理解程度。

基于证据的实践:教师应当通过探究方式探索形成性评价体系。

指定教材:

Hazen, R. M., and J. Trefil. 1991. *Science matters*. New York: Anchor Books.

Keeley, P., F. Eberle, and J. Tugel. 2007. *Uncovering student ideas in science: 25 more formative assessment probes*, (vol. 2). Arlington, VA: NSTA

Press.

Konicek-Moran，R. 2008. *Everyday science mysteries*. Arlington，VA：NSTA Press.

参考文献

American Association for the Advancement of Science (AAAS). 2001. *Atlas of science literacy* (vol. 1). Washington，DC：AAAS. Washington，DC：Project 2061.

American Association for the Advancement of Science (AAAS). 2007. *Atlas of science literacy* (vol. 2). Washington，DC：AAAS. Washington，DC：Project 2061.

Driver，R.，A. Squires，P. Rushworth，and V. Wood-Robinson. 1994. *Making sense of secondary science*. London：Routledge-Falmer.

Keeley，P.，F. Eberle，and L. Farrin. 2005. *Uncovering student ideas in science*，*vol*. 1. Arlington VA：NSTA Press.

第一册研究的主题

《日常科学之谜》的内容都围绕故事而展开。本书在选择科学概念时主要依据国家研究委员会 1996 年制定的《国家科学教育标准》中的核心概念。故事标题和相关的核心概念如下表所示。

地球系统科学

核心概念	故事				
	月亮的把戏	橡子去哪了?	园艺大师	结霜的早晨	小帐篷哭了
物质的状态			×	×	×
状态变化			×	×	×
物理变化			×	×	×
融化			×	×	
系统	×	×	×	×	×
光	×	×			
反射	×	×			
热能			×	×	×

续表

核心概念	故事				
	月亮的把戏	橡子去哪了?	园艺大师	结霜的早晨	小帐篷哭了
温度				×	×
能量			×	×	×
水循环				×	×
岩石循环			×		
蒸发				×	×
冷凝				×	×
风化			×		
侵蚀			×		
沉积			×		
自转/公转	×	×			
月相	×				
时间	×	×			

物理学

核心概念	故事				
	神奇的气球	有人玩地掷球吗?	爷爷的大钟	邻里电话系统	多冷才算冷?
能量	×	×	×	×	×
能量转移	×	×	×	×	×
能量守恒		×			×
力	×	×	×		
重力	×	×	×		
热	×				×
动能		×	×		
势能		×	×		
位置和运动		×	×		
声音				×	
周期运动			×	×	

续 表

核心概念	故事				
	神奇的气球	有人玩地掷球吗?	爷爷的大钟	邻里电话系统	多冷才算冷?
波				×	
温度	×				×
气体定律	×				
浮力	×				
摩擦力		×	×		
实验设计	×	×	×	×	×
功		×	×		
状态变化					×
时间		×	×		

生物学

核心概念	故事				
	自我介绍	燕麦片生虫了	干枯的苹果	讨价还价的种子	直升机长成大树
动物	×	×			
分类		×	×	×	×
生命过程	×	×	×	×	×
生物	×	×	×	×	×
结构和功能		×	×		×
植物			×	×	×
适应		×			×
基因/遗传	×		×	×	×
变异	×		×	×	×
蒸发			×		
能量		×	×	×	×
系统	×	×	×		×
循环	×	×	×	×	×

续 表

核心概念	故事				
	自我介绍	燕麦片生虫了	干枯的苹果	讨价还价的种子	直升机长成大树
繁殖	×	×	×	×	×
遗传	×	×	×		×
变化		×	×		
基因	×		×		×
变态		×			
生命的循环		×	×		×
生命的延续	×	×	×	×	×

作业

天文学(25%):每个学生都需要观察白天的天文变化,据此开发地球、月亮和太阳关系的模型。学生需要在学期期间撰写月亮变化日志以及太阳影子变化日志,并定期上交。

主题(50%):另外,在学习期间,学生需要从地球、物理和生物三个领域分别挑选至少两个主题进行研究。学生需要围绕这些主题找出问题,并就问题进行调查或实验。(例如:有没有不需要经过休眠期就能够发芽的橡子?)你应当把问题和试验拿出来跟同学一起分享,这样,所有学生都能直接参与相关内容的学习,或者通过听取报告与发表评论来间接参与。除了实验以外,学生还需要:(1) 让他们自己的(中小学)同学参与到实验或调查中来;(2) 制订形成性评价标准并对自己的同学进行评价,以此找出他们对所学知识的掌握程度。我将根据学生的实验设计、数据展示以及研究结果给他们打分。我将跟学生一起制订评分标准,按照标准对上述目标完成情况进行打分,然后把各项分值相加得出总分。

出勤/参与(25%):每一节课都需要全体学生参加。

延伸阅读书目

American Association for the Advancement of Science (AAAS).1993. *Benchmarks for science literacy.* New York: Oxford University Press.

Ausubel, D., J. Novak, and H. Hanensian. 1978. *Educational psychology: A cognitive view.* New York: Holt, Rinehart and Winston.

Bransford, J. D., A. L. Brown, and R. R. Cocking, eds. 1999. *How people learn.* Washington, D.C. National Academy Press.

Duckworth, E. 1986. *Inventing density.* Grand Forks, ND: Center for Teaching and Learning, University of North Dakota.

Driver, R., A. Squires, P. Rushworth, and V. Wood-Robinson. 1994. *Making sense of secondary science: Research into children's ideas.* London and New York: Routledge Falmer.

Hazen, R., and J. Trefil. 1991. *Science matters: Achieving scientific literacy.* New York: Anchor Books.

Keeley, P. 2005. *Science curriculum topic study: Bridging the gap between standards and practice.* Thousand Oaks, CA: Corwin Press.

Keeley, P., F. Eberle, and L. Farrin. 2005. *Uncovering student ideas in science: 25 formative assessment probes* (vol. 1). Arlington, VA: NSTA Press.

Keeley, P., F. Eberle, and J. Tugel. 2007. *Uncovering student ideas in science: 25 more formative assessment probes* (vol. 2). Arlington, VA: NSTA Press.

Konicek-Moran, R. 2008. *Everyday science mysteries.* Arlington, VA: NSTA Press.

Martin, K., and E. Miller. 1990. Storytelling and science. In *Toward a whole language classroom: Articles from language arts,* ed. B. Kiefer, 1986–1989. Urbana, IL: National Council of Teachers of English.

National Research Council (NRC). 2000. *Inquiry and national science education standards: A guide for teaching and learning.* Washington, DC: National Academy Press.

Osborne, R., and P. Fryberg. 1985. *Learning in science: The implications of children's science.* Auckland, New Zealand: Heinemann.

Schneps, M. 1996. *The private universe project.* Washington, DC: Harvard Smithsonian Center for Astrophysics.

Shapiro, B. 1994. *What children bring to light.* New York: Teachers College Press.

Watson, B., and R. Konicek. 1990. Teaching for conceptual change: Confronting children's experience. *Phi Delta Kappan* May: 680–684.

本课程是为中小学教师或即将成为中小学教师的人开设的研究生课程。本课程可以被归类为教材/教学法课程，授课对象为那些对科学知识以及探究教学知之甚少的教师。我认为，如果教师自己在学习科学知识的过程中利用探究方法能够取得实效,就会心悦诚服,从而很有可能把该方法应用于自己的课堂教学之中。不出所料,根据教师们的反馈意见,那些在岗教师在教学过程中采用探究方法,取得了令人满意的效果。因此,无论教师还是学生,都利用探究方法学到了实实在在的科学知识。由于研究生班的教师都把这些当做作业来完成,所以他们在自己的学生面前愿意坦诚以待,告诉学生自己并不知道研究结果会怎样。教师通常遇到的一个问题是,他们不敢在学生面前承认自己无知,因此不肯跟学生一起共同进步。而在探究教学中,学生会因为能够与老师一起共同学习而感到兴奋,而老师亦然。在岗教师还会跟学生一道共同制订科学探索工作的评分标准,因此,对培养学生的元认知能力也有好处。

以这种方式使用本书初战告捷之后,我坚信,本书内容完全可以被用做教师参加本科和研究生培训的课程指南。正如前面课程大纲指出的那样,除本课程的教学内容和教学法之外,适当利用其他参考书目作为补充材料,既能够使教师增强运用探究方法的技巧,同时又能够丰富自身的科学知识。随着互联网逐渐普及,但凡能够操作电脑的人在网上几乎没有搜索不到的信息。有些教师对科学怀有畏惧心理,其实,与他们选修的其他科学概论课程不同,本课程并不打算涵盖大量主题,而只是选取少数几个主题作为示范来帮助他们如何理解掌握。本书的基本理念是,在判断科学知识广度以及如何理解科学主题和概念之间哪个更重要时,当然是理解能力更重要。众所周知,目前美国科学课程设置饱受诟病的地方就在于重广度而不重深度,频繁的大规模考试更是火上浇油。过去几年里,我采访过的教师几乎都不愿意用探究方法进行教学,因为“为了理解而教学”需要花费更多时间,却不能全面涵盖标准化考试中可能会出现的各种各样的知识要点。这样一来,即使学生能够在各种测验和评估中能取得好成绩,他们的错误认识也几乎得不到纠正,依然坚持固有的错误观点。参见邦妮·夏皮罗所著的《孩子们如何发现光的秘密》(1994)一书。

把本书用做教师培训项目中科学方法课程的参考书

传统意义上,参加科学方法培训课程的学生大都对科学充满恐惧心理。科学方法课程的主要目标之一就是要帮助学生消除这种恐惧心理,在他们将来的中小学教学中采用既动手又动脑的方法,培养他们的科学技能。遗憾的是,很多学生在参加培训班之前对科学知识了解甚少,而且,他们需要选修的大多是概论(非实验)

课程，或者是在大教室上的讲座。在短短 12～13 周内，教授教学法的老师需要把这些学生变成信心十足、热情洋溢的人，以便他们将来在自己的学生中践行探究式教学法。经过给本科生和参加培训的研究生教授这类课程 30 余年，我发现，首要目标应该是消除他们对科学的恐惧心理，通常的做法是，给他们布置一些压力小但成功率高的学习任务。其次，我尽力让他们明白，科学作为一门学科具有什么特点。再次，我发现，一些学生对科学感到非常生疏，有必要向他们传授适量的科学知识并纠正他们的错误认识。最后，同样重要的是，我尽力让学生熟悉科学领域的各种资源，这样，他们将来从事教学工作时才能知道如何查阅资料。显然，我们可以利用这一机会让学生了解他们自身的现状，了解自己应当如何学习，了解自己将来应当如何开展探究教学。

作为教学法课程最后一项作业，我布置学生编写一个日常科学之谜故事，并撰文说明如何利用探究法教授故事以及故事涉及的科学概念，结果远远超过这些年我和其他人使用传统教案取得的教学效果。这本书不仅可以作为研究生学习科学知识的教材（如前所述），也可以作为他们编写“日常科学之谜”教学案例时的范本。

把本书用做在家上学的参考书

有些孩子在家里接受父母的教育，他们只要上网搜索就能找到大量可以利用的资源，网上有现成的教学大纲和学科教材等。对那些自身科学知识欠缺或过时的父母而言，科学是一门令他们头疼的课程。父母如果能够跟孩子一起共同探索解开故事引发的谜题，就会发现本书使用起来特别容易。本书与《国家科学教育标准》和《科学素养基准》的教学大纲要求相吻合，涵盖了国家规定的必学科学概念，家长可以完全放心。他们可以跟学校教师一样使用本书，只不过缺乏课堂讨论的机会。父母应当多与孩子进行沟通、讨论，巩固孩子对科学调查研究的理解。

参考文献

Shapiro, B. 1994. *What children bring to light*. New York: Teachers College Press.

第四章
科学与素养

本章是进入科学故事之前的最后一章，我忍不住要向读者介绍一部除了英语专业学生以外很少有人读过的文学作品。下面一段文字摘自爱尔兰小说家詹姆斯·乔伊斯1922年撰写的经典作品《尤利西斯》：

> 照片上这个人所在的地方好像在哪里见过？想起来啦，是死海，他仰卧在海面上，在阳伞下读着书。你就是想沉也沉不下去：盐度太高。因为水的重量？不对，因为浮在水面上的身体重量等于什么东西的重量来着？要么是体积跟重量相等？反正就是这类定律。万斯在高中一边上课一边打着响指。大学课程，想想都让人头疼。提起重量，重量究竟是什么？每秒32英尺，是每秒。自由落体的定律：每秒，每秒。它们统统都落到地面上。地球。重量就是地球的引力。（第73页）

在乔伊斯的这部小说中，主人公布卢姆回忆起自己曾经看到一个人在死海上漂浮的照片，于是想要弄明白这一现象背后的科学原理。你是否注意到，有些人试图解释某个科学现象时，脑海里会涌现一大堆科学知识，却往往模糊不清、杂乱无章？或者你自己是否也有过类似经历？[此番借用乔伊斯的文学作品，是受到了《学校科学评论》(School Science Review)杂志一篇文章启发，该文作者为迈克尔·赖斯(Michael J. Reiss)]

上学期间，布卢姆似乎对学校课程和物理老师都很着迷。然而，当布卢姆试图回忆关于浮力的科学原理时，他脑海里一片混乱，杂乱无章的科学语言与老师上课打响指的情景交织在一起。遗憾的是,即使在今天,这也不是什么例外,而是一种普遍现象。这种现象恰恰是我们在教学中应当极力避免的,也正是本章要探讨的主要内容。

把素养与科学联系起来有很多方法。下面我们将简要梳理相关研究文献,从其中的一些教学理念中我们不难发现,把素养与科学相结合不仅很有价值,而且至关重要。

素养和科学

在教学法术语中,"科学素养"与"科学与语言素养相结合"两者之间存在差异,但是,它们之间的共同之处或许比我们预想的要多。*科学素养*是指,一个人有能力理解科学概念,能够把所学的科学知识在日常生活中加以运用。换句话说,具有科学素养的人能够把学到的科学知识应用于学习情境之外的陌生情境中。例如,如果一个人能够依据自己学到的生态系统和生态学知识做出保护当地社区湿地的明智决定,那么我认为这个人具有科学素养。当然,我们希望在教育的各个领域都能实现这样的目标。

语言素养是指阅读、写作、说话和理解能力。由于大多数学校重视阅读、写作和数学,它们在课程设置中往往被放在优先地位。我无数次听到老师们说他们的主要责任是教学生阅读和数学,而没有时间顾及科学。其实,各门课程并没有高低贵贱之分。我认为,出现这种误解,是因为校方不了解各门课程合起来能够产生协同效应。就教学而言,协同效应是指你从各门课程学到的整体技能大于各门课程简单相加的总和。

那么,这一切与探究式科学教学有什么关系?目前的流行趋势是注重科学与语言素养相结合。原因之一在于,越来越多的研究都在强调语言在科学学习中发挥的重要作用。如果不能"自己动脑"的话,"自己动手"的科学就没什么意义。"食物大战"是一项需要亲自动手的游戏,一个人只是参加游戏的话学不到什么东西,但是如果明白扔果冻的空气动力学知识的话,结果就完全两样了。对科学知识的理解不是来自于物质本身,也不是来自于对这些物质的操控。学生们为了弄明白自己参与的活动具有什么意义,就有必要采取各种沟通方式,例如讨论、争辩、述评、小组协商以及社会交往等。这一切都需要使用*语言*,其表现形式为写作、阅读,尤其还有说话。而这又需要学生具有思维判断能力:倾听自己和他人用话语表达的观点或想法,或许还要将这些观点或想法化成文字,他们才会明白自己在做什么以及从这些活动得出的结果是什么。这就是“自己动手,自己动脑”这一对词语中往往被忽略的“自己动脑”部分。请看下面这段话:

> 在学校里,“说话”有时受到重视,有时被刻意避免,但是很少有老师教学生如何说话,这一点真令人吃惊。我几乎没有听到哪个老师跟我说,他是如何教学生说话的。几乎没听到过哪个老师谈论该如何教会学生讨论。然而,说话跟阅读和写作一样,是智力发展的一个主要动力,甚至可以说是最重要的动力。(卡尔金斯(Calkins),2000,第226页)

关于在科学课堂上如何才能说话详尽、探讨有益,我向你推荐《幼儿园至8年级课堂上科学与素养的联系》(Linking Science and Literacy in the K－8 Classroom,2006)一书中杰弗里·威诺克(Jeffrey Winokur)和卡伦·沃思(Karen Worth)合作撰写的一章“科学课堂上的说话:看一看学生和老师需要知道什么以及能做到什么”。你也可以参考该书的第八章。最近还有证据表明,英语语言学习者(ELL,English Language Learner)在学习新的科学知识以及语言知识时,能够从说话当中受益匪浅[罗斯伯里(Rosebery)和沃伦(Warren),2008]。

把科学探究和语言素养相结合,我们拥有大量研究文献作为依据。首先,帕迪利亚(Padilla)及其同事的相关概念和理论著作表明,科学探究和阅读的思维过程(即观察、分类、推断、预测和沟通等)基本相同,而且,无论学生在做科学实验还是在阅读文章时,都要经历这些过程(帕迪利亚、穆特(Muth)和帕迪利亚,1991)。帮助孩子在阅读或进行科学研究时熟悉自己的思维过程,将会促进他们对元认知的了解并付诸实践。

作为老师,你也许需要为学生做个示范,比如看到某种现象后大声说出自己的想法。你应当帮助他们理解,为什么在做事的过程中一定要说出来,为什么了解自己的思维过程很重要。你可以这样说:“我认为温暖的天气会影响种子的发芽速度。我想我应该设计一个实验证明一下自己的假设是否正确。”然后,你可以说:“你们有没有注意到,我是如何提出假设,如何用实验对假设进行验证的?”让学生模仿你的思维过程,能够帮助他们明白在某些情况下为什么需要使用以及如何使用科学话语。科学就是关于词汇及其含义的学问。

博斯特曼(Postman)就词汇和科学关系的说法很有趣。他说:“生物学不是关于动物和植物本身,而是用语言对动物和植物进行描述……天文学不是关于行星和恒星本身,而是我们用话语把它们表达出来。”(1979,第165页)更进一步说,科学也是一门语言,一门专门谈论这个世界以及我们生活其间、被称为科学的世界的语言。科学拥有独特的词汇表和语言结构,科学家利用这些词汇和结构来谈论他们的工作,这些东西通常被称为“话语”(discourse)[吉(Gee),2004]。孩子们需要学习这些话语,用来呈现证据,用来论证研究的要点、评价自己以及他人的研究工作、完善自己的观点,以便将来进行更深入的研究。

走进你课堂的学生并不擅长这门语言,实际上,他们甚至可能还没有入门。他们需要做科学研究,需要在知识渊博的成人帮助下,学习如何控制变量、如何做公平实验、如何搜集证据支撑自己的观点以及如何在所谓的“第一手调查”[帕林克萨(Palincsar)和马格努森(Magnusson),2001]中运用科学方法,才能逐渐掌握这门语言。这就是直接与科学材料打交道的研究,或者用大家比较熟悉的话语而言,是科学调查中自己动手的部分。“第二手调查”这个术语是指运用文本、报告、数据、图表或其他间接资料,研究者不直接与科学材料打交道。瑟维蒂(Cervetti)对此做了精彩的描述:

> 我(们)认为第一手调查就像胶水,它能够把一切与探究有关的语言活动黏合起来。在帮助学生学习概念知识以及传达这些知识的语境(包括专门术语)时,我们奉行的原则是:“读出来,写出来,说出来,做出来!”——你无须按照特定的顺序,或许,按照各种顺序都尝试一番效果反而更好。(2006,第238页)

因此,你会发现同样重要的是:学生应当把自己的研究工作说出来并写出来;应当借助书本或音像资料了解其他人在相关领域做出了哪些贡献;应当抓住一切机会详细记录自己的研究过程,以便将来能够回过头来审视自己在研究中有哪些发现。

科学语言

当然，科学这门学科中的写作、讨论和阅读与其他学科不同，例如，科学写作很简单，重点是根据获得的证据得出适当的结论。但是，科学包含的内容不仅仅是文字，它还包括触觉、图形以及视觉等手段，用来设计研究方案、把方案付诸实施以及把研究结果拿出来与他人分享。另外还有一点也非常重要，科学著作中有许多普通人不熟悉的词汇，它们在科学中的意义以及在现实生活中的意义并不相同，它们作为科学术语的意义非常明确，而且往往有违人们的直觉，例如：*做功（工作）*、*力（力量）*、*肥料（植物的食物）*、*化合物（混合）*以及*密度（浓密）*等。举例而言，如果你花了 30 分钟用力推一辆汽车，直到累得满头大汗，尽管汽车连 1 厘米也没有移动，你却觉得自己"工作"非常卖力。然而，在物理学中，除非汽车发生移动，否则你就根本没有"做功"。我们对学生说植物可以为自己制造食物，然后给他们展示一袋"肥料"(plant food)①。我们对学生说"穿上暖和的衣服"，然而衣服本身并不能制造"温暖"。

因此，学生学习科学的时候需要改变理解方式。他们必须学习新的术语，并且赋予旧术语新的含义。作为教师，我们应当认识到自己不仅是科学教师，而且还是语言教师，在学生学习过程中予以帮助。我们谈论科学的时候就应当使用科学这门课程特有的语言。我们不应当回避科学术语，而应当尽量以通俗易懂的形式向学生解释清楚，在这个过程中应当充分利用图片和故事。

我们还应当懂得，科学包含的很多词汇要求学生既动手又动脑。含有*比较*、*评估*、*推断*、*观察*、*修改*或*假设*等词汇的句子往往意味着学生需要手脑并用去解决问题。我们只有认识到语言和智力发展密切相关，两者缺一不可，才能够把科学这门学科教好。

科学笔记本

近来，很多科学教育工作者大力提倡使用科学笔记本，认为它有助于激发学生

① plant food 可以理解为植物需要的"肥料"，也可以理解为"植物吃的食物"，还可以理解为供人食用的"植物性食物"——译者注

学习科学的热情[坎贝尔(Campbell)和富尔顿(Fulton),2003]。使用科学笔记本不仅能够提高英语语言学习者的语言技能,而且有助于他们更好地理解科学概念和科学本质。

科学笔记本不同于科学日志或科学札记,因为它不仅仅是记录数据(日志)或记录学习中的反思(札记),而是用于持续记录实验、设计、计划、词汇、思路、关切或困惑等。科学笔记本是对过去、现在以及未来所做的思考或预测进行记录,对每个学生而言都是独一无二的。老师应当确保每个学生有充裕的时间来做记录,并且要求他们对诸如"这个实验活动还有什么让你感到困惑的地方?"之类的问题做出具体回答。

关于科学笔记本的具体使用方法及其价值,参见布赖恩·坎贝尔(Brian Campbell)和洛丽·富尔顿(Lori Fulton)合著的《科学笔记本:关于探究的论述》(Science Notebook: Writing About Inquiry,2003)。

在我所构想的探究式课堂上,你可以想见科学笔记本是学生的必备之物。数年前我在一所小学工作的时候,见证了学生通过写作方式学习而创造的一个又一个小小的奇迹。对我们老师而言极为重要的一点是,应当要求学生每天把他们感到困惑的东西写下来,其效果非常显著。阅读学生的科学笔记本,可以让我们清楚了解他们的元认知是如何形成的,了解他们是如何通过"大声"思考找到解决问题的方法的。

使用科学笔记本给学生提供了难得的机会,可以帮助他们在活动中记录自己的心路历程。使用本书的故事时,科学笔记本上应当记录学生关心的具体问题、听完故事以后全班同学发表的各种想法和见解列表、学生自己以及全班一起收集的数据图或表格,或许还应当有学生自己或全班为解决故事中的科学谜题而得出的最终结论。

试想一下,你班上的学生已经就某个故事得出了结论并取得了共识,作为教师你可以让学生做些什么来完成收尾工作?可行的方法是,你可以让学生为这个故事续写"结局",或者用标准的实验报告形式撰写一篇报告。当然,前一种方法也是把科学与语言素养相结合的一种方式。很多教师喜欢让学生学会撰写"公式化"的实验报告,只是为了让他们熟悉那种形式,而有些教师则喜欢让学生以趣闻的方式撰写报告。根据我的经验,当学生不是机械地填写实验表格,而是把实验报告以趣闻的方式呈现出来,则更能说明他们对相关概念有了深入了解。不过,这还是需要作为任课教师的你来做决定。当然，你也可以让学生把两种方式都尝试一下。

如前所述，设计这些故事以及后续活动的主要依据之一是建构主义理论。建构主义认为，知识是人们为了理解自己所生活的世界而建构出来的。果真如此的话，那么每个人应对某一情境或解决某个问题的方式一定与他所运用的知识有关。同理，对问题做出的*判断*以及对问题持有的*看法*也都因人而异，意识到这一点也非常重要。因此，关键在于，教师应当鼓励学生把自己对问题的看法以口头或书面的形式表达出来。也就是说，所有学生和教师都能够就该话题各抒己见，并对不同观点进行探讨。这样，大家可以开诚布公地对各种数据进行分析，消除他们脑海里可能潜藏的任何疑问。在《了解学生的科学想法：25 条形成性评价探究案例》(1～4册)(基利等，2005，2007，2008，2009)丛书中，你可以找到关于这一过程的更多论述。

这些故事还指出，科学是一种社会、文化的活动，因此也是人类的活动。故事里的人物在实验调查、讨论和提问过程中经常需要得到他人的启发或帮助。那些人有自己的想法，提出自己的假设，故事里的主人公向他们讨教、跟他们合作或者跟他们激烈争论。我们提倡开展小组合作，在课堂上，学生之间可以取长补短，在家里，兄弟姐妹或家长也可以参与，以家庭小组形式进行辩论。

本书中的故事也可以由你念给孩子们听。这样，孩子们获得的信息比他们自己阅读故事所得到的多，因为孩子们能听懂的词汇量往往大于他们的阅读词汇量。他们不熟悉的词汇可以根据故事上下文推断出来。或者，你也可以在朗读过程中把新词解释给他们听。我们发现，孩子们在听的过程中就对讨论跃跃欲试，比自己阅读时积极性更高。这样反而更好，因为本书的宗旨就是调动学生的积极性：激励他们在日常生活中积极发现问题、解决问题以及建构科学理念。

在探究中帮助学生

学生钻研科学难题的过程中，你应该提供怎样的帮助？一条很好的经验法则是，只要学生面对的问题没有彻底解决，你就可以提供你认为必要的帮助。换句话说，解决问题应该由学生自己做主导，而不是由你做主导。有时候，即使他们在调查研究过程中按照自己的思路走入了死胡同，也不失为一种人生体验。科学研究总是充满了失败的体验。孩子们阅读大多数流行的科普读物时往往会产生这样的印象:科学家们早晨起床,自言自语"我今天要发现什么?"然后直奔主题,目标明确,思路清晰,在当天晚餐来临之前不费吹灰之力就得出了结论。事实远非如此!但是,我们也需要格外注意,挫折不断很可能会扼杀学生学习科学的热情。

碰壁意味着研究者需要重新设计方案,或者换一个角度提出问题。最重要的是,碰壁不应当被看成是失败,而更像是给你提供了换一种方式从头再来的机会。教师在这个过程中应当起到平衡作用,一方面安慰学生不要灰心丧气,另一方面鼓励他们继续保持研究兴趣。有时候,让孩子们组成团队进行实验研究更容易实现目标。当今,科学家们也经常是团队合作,从而能够充分发挥彼此的专长。

科学探索过程除了所谓的*科学方法*之外,还包括运气、个人偏好和情感等因素,而很多人并不懂得这一点。"*科学方法*"这个术语本身听起来就像是能够确保你取得成功的秘诀。你能给学生提供的最重要帮助是让他们始终保持坚定的信心,充分利用各种方法解决问题。他们可以运用比喻、想象、画图或其他任何得心应手的方法来解答问题。然后,他们可以采用科学的基本模式进行研究,包括简化问题、控制各种变量以及剥离需要求证的变量等。其次,你还可以帮助学生把实验设计方案进行简化,使每一个步骤便于控制。第三,你可以帮助学生学会使用科学笔记本认真记录研究数据。大多数学生并没有意识到科学笔记本的重要性,哪怕老师再三强调这一点。很多学生认为没有必要收集有用数据,是因为他们作为实验新手在这方面还缺乏经验。直到他们发现因数据无法读取或没有记录下来而遇到麻烦,才会明白科学笔记本的作用。问题是他们并没有把这一点当回事。孩子们之所以觉得无须详细记录阴影的长度,是因为他们不知道从现在起一周或一个月内这样做有什么意义。如果你帮助他们认识到收集数据的原因,认识到这些数据将会成为阴影随时间变化而变化的证据,那么他们就会明白,其目的是让他们能够把现在的数据与过去进行比较。这样,他们也就会明白当初需要使用科学笔记本的原因了。

根据我们的教学经验,强迫孩子们使用规定的数据收集表格不仅不能帮助他们理解收集数据的原因,而且在某些情况下会适得其反。有一次,一位观察员看到教室里孩子们正忙着填写实验表格,便问一个女生在做什么,那位女生毫不犹豫地回答:"第三步。"我们的目标是,动员学生积极参与探究活动,所有步骤(包括第三步)都应当由他们自己设计:以符合逻辑、循序渐进、有意义的方式回答自己提出的问题。我们相信,这一点孩子们完全可以做到,但是需要成人耐心指导,并相信他们具备在朋友和导师的帮助下独立从事脑力劳动的技能。

关于数据收集最后再说一句。我自己作为科学家以及与其他科学家共事多年，我留意到我们都有一个共同点，那就是人人都随身携带一本笔记本，每天无数次把自己感兴趣的东西记录下来。科学家可能会碰到一些有趣的数据，虽然当时看来这些数据与他们的研究似乎没有直接关系，但是他们还是记录下来，因为说不定将来哪一天就能用得上。人的记忆是短暂的，往往靠不住。科学家的笔记本都很珍贵，是科学事业不可或缺的组成部分，在某些情况下，它们甚至具有法律效力，被法庭采信，因为人们普遍对科学家寄予厚望，认为他们会恪守职业道德忠实记录各种研究数据。我曾多次与我的导师、生物学家斯基普·斯诺(Skip Snow)一同从事大沼泽地国家公园蟒蛇项目研究工作，经常看到他在遇到有可能给研究工作带来新线索的数据时参阅以前的笔记。

帮助英语语言学习者

如果你班里的学生来自其他国家，英语语言知识有限，科学探究对这样的学生而言有什么作用？你如何利用科学课程既提高他们的语言水平，又拓展他们的科学技能和知识？

首先，让我们看一看学生在语言水平有限的情况下会面临哪些问题。李(Lee，2005)在对英语语言学习者及其学习科学的研究中发现，那些不是来自于西方主流社会的学生往往对主流社会的原则与规范缺乏了解。他们原先所处的社会并不鼓励学生提出问题(尤其是向年长者提问)，也不支持他们进行探究学习。显然，若要帮助这些孩子摆脱自身所受文化传统的束缚，融入学校的新文化氛围，教师就必须把新文化的原则与规范向他们仔仔细细、形象生动地解释清楚，必须帮助他们主动承担起自己的学习责任。关于这方面的书籍很多，我在本章的论述当然不如它们那么详细。你可以参考 NSTA 出版社最近出版的《英语语言学习者学科学：幼儿园至 12 年级课堂教学策略》[Science for English Language Learners: K－12 Classroom Strategies，法斯曼(Fathman)和克劳瑟(Crowther)，2006]，能够从中找到很多具体帮助。另外一本书《幼儿园至 8 年级课堂上科学与素养的联系》也由 NSTA 出版，该书第 12 章“英语语言发展与科学素养的联系”尤其有用。最后，还有《科学和儿童》杂志刊发的一篇文章《向二语习得者讲授科学》[巴克(Buck)，

2000],该文就如何向英语语言学习者讲授科学提出了很多有用的建议。

我将尽最大努力总结一些实用的方法,把它们放在供教师参考的背景材料这一部分当中。

• 专家们认为,扩大词汇量对英语语言学习者而言非常重要。你可以着重帮助这些学生分别用他们的母语以及英语来辨认课堂上将要用到物体的名称,可以让他们把这些词汇记在科学笔记本上。有些教师成功地使用了一种名叫“实用词汇墙”的教具,这是一个标有图表和词汇的墙贴,随着学习进展而不断补充新的内容。如果可能的话,也可以在墙贴上用胶带粘上一些实物或照片。由于它对所有学生(不仅仅是英语语言学习者)都有好处,因此应当放在非常显眼的位置,方便学生温故而知新。

• 很多教师认为,探究教学中的小组活动能帮助英语语言学习者理解探究的进程和内容。把英语语言学习者和以英语为母语的学生搭配在一起能够促进学习,因为他们往往更乐于接受同学而非老师的帮助。同学之间相互提问也更方便。同学做出的解释效果也更好,因为他们年龄和知识水平相仿,拥有共同语言。

• 多利用黑板或白板。把词汇与可视教具结合起来。记住,科学依靠一定的语言环境。你不妨把学生家长邀请到课堂上来,让他们亲眼看看你是如何帮助他们的孩子学习英语和科学的。在探究过程中多花一些时间,让英语语言学习者逐渐了解如何控制自己学习科学与解决问题的过程。

• SIOP 模式[埃切瓦里亚(Echevarria)、沃格特(Vogt)和肖特(Short),2000]近来在教师中深受欢迎,他们利用这一模式在英语语言学习者中教授科学课程取得了很大成功。SIOP 是庇护(Shelter)、指令(Instruction)、观察(Obeservation)以及协议(Protocol)四个英文单词的首字母缩写。该模式强调学生在科学活动中动手、动脑,而这就需要英语语言学习者使用学术英语与同学进行交流。你可以访问 SIOP 研究院的网站 www.siopinstitute.net。虽然我们很难用一句话概括这一模式的精髓所在,但其重点应当是把学术英语与探究教学结合起来。我们应当抓住每一个机会把科研活动与探究教学结合起来,应当充分利用语言的各种形式,包括听、说、读、写等。该模型还强调,我们应当鼓励英语语言学习者与以英语为母语的学生结对子,通过这种方式,前者可以从英语水平较高的后者那里学到更多词汇并练习使用。简而言之,SIOP 模式与大多数其他二语习得(ESL,English as a Second Language)项目的区别在于,SIOP 强调科学学习和语言学习应当密切结合起来,两者相互促进,而不是把它们割裂开来。很多研究项目认为,英语语言学习者因为语言能力匮乏,无法掌握诸多学科的教学内容。而 SIOP 模式认为,只要英语语言学习者具有一定的语言基础,学习各门学科的同时在听、说、读、写等方面获得充分锻炼的机会,就能够把学科内容以及与之相关的学术语言都掌握好。

• 在课堂管理中,教师们也需要在语言方面多下功夫。教师需要跟学生多交谈,以确保他们能够充分明白教师布置的探究任务,确保他们能够把研究过程和结果用英语表达出来。教师的角色包括:提醒学生把科学研究记录下来,帮助他们用英语对研究发现进行讨论,以此确保他们在研究过程中专心致志。如前所述,不但英语语言学习者需要提高自己在某一学科的学术语言水平,所有学生都需要充分掌握该学科独有的词法或句法等语言内容。所有学生都应当像虚心的英语语言学习者一样,把自己当成科学语言学习者(Science Language Learner),只有这样才能更好地学习科学。

接下来我们要进入故事章节。我希望这些故事能够给你的学生以启发,激励他们变成积极的探究者,把科学研究当做日常生活的乐趣充分享受。

参考文献

Buck, G. 2000. Teaching science to english-as-second-language learners. *Science and Children* 38 (3): 38–41.

Calkins, L. 2000. *The art of teaching reading.* Boston: Allyn and Bacon.

Campbell, B., and L. Fulton. 2003. *Science notebooks: Writing about inquiry*. Portsmouth, NH: Heinemann.

Cervetti, G., P. Pearson, M. Bravo, and J. Barber. 2006. Reading and writing in the service of inquiry-based science. In *Linking science and literacy in the K–8 classroom,* eds. R. Douglas, M. Klentschy, and K. Worth, 221–244. Arlington, VA: NSTA Press.

Echevarria, J., M. E. Vogt, and D. Short. 2004. *Making content comprehensible for english language learners: The SIOP model.* Needham Heights, MA: Allyn and Bacon.

Fathman, A., and D. Crowther. 2006. *Science for English language learners: K–12 classroom strategies*. Arlington, VA: NSTA Press.

Gee, J. 2004. Language in the science classroom: Academic social languages as the heart of school-based literacy. In *Crossing borders in literacy and science instruction: Perspectives on theory and practice,* ed. E. W. Saul, 13–32. Newark, DE: International Reading Association.

Joyce, J. 1922. *Ulysses*. Repr., New York: Vintage, 1990.

Keeley, P., F. Eberle, and L. Farrin. 2005. *Uncovering student ideas in science: 25 formative assessment probes, vol. 1.* Arlington, VA: NSTA Press.

Lee, O. 2005. Science education and student diversity: Summary of synthesis and research agenda. *Journal of Education for Students Placed at Risk* 10 (4): 431–440.

Padilla M., K. Muth, and R. Padilla. 1991. Science and reading: Many process skills in common? In *Science learning: Processes and applications*, eds. C. M. Santa and D. E. Alvermann, 14–19. Newark, DE: International Reading Association.

Palincsar, A., and S. Magnusson. 2001. The interplay of firsthand and text-based investigations to model and support the development of scientific knowledge and reasoning. In *Cognition and instruction: Twenty-five years of progress*, eds. S. Carver and D. Klahr, 151–194. Mahwah, NJ: Lawrence Erlbaum.

Postman, N. 1979. *Teaching as a conserving activity*. New York: Delacorte.

Reiss, M. J. 2002. Reforming school science education in the light of pupil views and the boundaries of science. *School Science Review* 84 (307).

Rosebery, A. S., and B. Warren, eds. 2008. *Teaching science to english language learners: Building on students' strengths.* Arlington, VA: NSTA Press.

Winokur, J., and K. Worth. 2006. Talk in the science classroom: Looking at what students and teachers need to know and be able to do. In *Linking science and literacy in the K–8 classroom,* eds. R. Douglas, M. Klentschy, and K. Worth, 43–58. Arlington, VA: NSTA Press.

供教师使用的故事和背景材料

地球与空间科学

核心内容	坑里的水去了哪里？	可能性有多大？	粉碎机在这里	夏令时	拜尔山一日游
物质的状态	×				×
相变	×		×		×
热能	×				×
物理变化			×	×	×
能谱			×	×	
温度	×		×	×	×
物质守恒	×	×	×	×	×
技术的本质				×	
设计和系统		×	×	×	
重力		×			×
时间				×	
技术设计				×	
能量流动	×		×		×
物质循环	×		×		
天气和气候	×	×			×
光	×			×	

第五章
坑里的水去了哪里?

大雨下了一整夜。索菲娅(Sophia)阿姨说天上掉下了很多“猫和狗”,[①]但是瓦实提(Vashti)在地上一只也没看见,所以她认为索菲娅阿姨肯定是在开玩笑。索

① rain cats and dogs 为英语习语,意为“大雨倾盆”,字面意思为“天上掉下了猫和狗”,词源不详,一说“源于北欧神话,猫能影响天气,而狗是暴风雨的征兆”——译者注

菲娅阿姨很会开玩笑,她的话难辨真假。

不过,瓦实提看到地面上确实有树叶、树枝等很多其他东西,尤其是水坑。水坑到处都是,凡是地面上有窟窿或凹陷的地方,都有水坑。

大街上和人行道上也有水坑,到处污水横流。

别以为瓦实提对水坑一窍不通,其实她对水坑早已习以为常。小时候,她喜欢穿着靴子在水坑中手舞足蹈,污水和泥巴溅到衣服上,弄得她浑身脏兮兮的。那时候她年纪小不懂事,现在已经不这样做了,不过,有时候那些水坑看上去还是充满诱惑力,就像今天早上这样。天空依然阴云密布,狂风呼啸,瓦实提赶紧回到屋里,心里却忍不住想着外面的水坑。她知道有些水坑会很快消失,还有一些需要很久才能消失。

"有时大水坑比小水坑干得快,"她出门去上学,一边走一边想,"为什么会这样呢?"

她走过几个水坑,想了一会儿,然后笑了。"我想,我知道是什么原因!"

就在这时,瓦实提的朋友胡安娜(Juana)从家里出来追上了她,瓦实提突然想跟胡安娜开个玩笑。

两人从篮球场经过,大孩子们喜欢晚上在这里打篮球。正如瓦实提预料的那样,篮球场上布满了各种各样的水坑,她走到一个最大的水坑跟前对胡安娜说:"我敢打赌,这个大水坑将会在我们下午放学回家的时候消失,而旁边那个小水坑还不能干。你敢打赌吗?"

"当然,"胡安娜说,"你认为那个大水坑会比这个小水坑干得快,是吗?好吧,一言为定。我看你是脑子进水了。雨已经停了,蓝天上飘着几朵白云,让我们先去上课,等下午再看谁是对的。"

两个小姑娘下午参加了一些课外活动,准备回家时天色已晚。她们路过篮球场的时候发现,果然,瓦实提的大水坑已经干了,胡安娜的小水坑还有些水。

"你是怎么料到的?"胡安娜问,"今天根本没出太阳!"

"小菜一碟!"瓦实提说。

目的

这则故事与蒸发有关。我们将要探讨的是有哪些主要因素影响水蒸发的速度。我们都有机会去观察雨后各个水坑中水蒸发速度快慢不同,但是,很少有人留意其背后的原因。跟其他故事一样,这则故事重点也是探讨那些容易被人忽略的细节。

相关概念

- 表面积
- 能量
- 水循环
- 蒸发

不要惊讶

一些学生可能不相信,大水坑比小水坑里的水蒸发速度更快。瓦实提的预测诀窍在于,她选择的水坑大而浅,而不是小而深。小水坑与空气接触的表面积当然比大水坑小。你的学生可能没有意识到,表面积在蒸发或在能量增益与损耗过程中发挥着重要作用。

内容背景

水蒸发现象是日常生活中的常见现象。大多数文章都着眼于水循环以及水由液体到气体再到液体的变化过程。这则故事侧重于水循环的一个环节——“蒸发”以及容易形成蒸发的条件。蒸发是我们容易忽视的日常科学谜题之一,然而,只要我们注意观察,就会乐在其中。

由于日常生活中水从液态变成气态非常频繁,所以我们往往不知道水在什么条件下蒸发速度最快。露水在人们不知不觉间消失得无影无踪;自行车车座上的水一分钟前还在,似乎转眼之间就不见了。瓦实提知道一些胡安娜不知道的秘密:水坑大小、深浅各不相同。水由于受到地球重力作用通常从高处向低处流动,在坑洼处聚集。凹坑越深,聚集的水越多。故事中有两个因素发挥了重要作用:坑里水的数量多少以及水与空气接触的表面积大小。

表面积在冰雪融化或吸收热量过程中发挥着重要作用,同样,表面积在水蒸发过程中也非常重要。湖泊和海洋的水量约占地球水体总量的90%,这两个水体与大气接触的表面积也最大。植物通过叶子的蒸腾作用散发一小部分水分。还有一小部分水蒸气来源于升华过程,即冰雪中的水分子在吸收足够能量后不经融化直接由固体变成气体。

表面积在各种能量转化过程中发挥着重要作用。在《日常科学之谜(二)》第九章的故事“冷静点,伙计!”中,主人公们发现碎冰比冰块吸收热量的速度快,这是因为碎冰的表面积比冰块大。

热水在碟子中比在杯子中冷却速度快,冷水在碟子中比在杯子中结冰速度快,造成这些现象的原因在于水与空气接触的表面积不同。同样,在碟子中以及在杯子中,等量的水蒸发速度快慢不同。水之所以会蒸发,是因为水分子能获得足够的能量来摆脱它们与其他水分子之间的束缚。空气的压力也对水分子摆脱束缚的难易程度有着影响。气压越强,水分子越难摆脱束缚。因此,我们可以说,如果水与空气接触的表面积越大,那么水分子逃逸到空气中的余地和可能性就越大。

瓦实提注意到篮球场上有些水坑较浅,面积较大。她还注意到,一些水坑看似很小,然而积水很深。虽然瓦实提可能不知道蒸发这个概念,但是她善于观察且经验丰富,因此预测的结果非常准确。

如果你在美国北部某州见过枫叶糖浆的制作过程,就会注意到那里的人们把枫树汁液装在浅平底锅里,然后放在火上加热。为了制作糖浆,需要把树汁里的水(树汁的主要成分)通过蒸发方式予以去除,留下其中的糖分。通常情况下,制作1加仑糖浆需要大约40加仑树汁。整个过程需要蒸发掉的水真多!蒸锅必须很浅,而且表面积很大。糖浆作坊烟雾缭绕、蒸汽弥漫。即使使用专用的快速蒸锅,蒸发过程也要耗费很长时间,因为需要把树汁中近98%的水分转化成气态形式。

当水从水体中自然蒸发的时候,由于水分子需要吸收能量,从而会使周边环境变得凉爽一些。生活在炎热、干燥地区的人们利用这种现象给他们的房屋降温,他们采用的设备在当地被称为“沼泽冷却器”(swamp cooler),具体做法是用布把一个滚筒包裹起来,让滚筒在一锅水上不停转动,滚筒自带的风扇能够把凉风吹向房间。这种设备的工作原理是,湿布里的水通过蒸发使空气温度降低,而风扇把凉爽、潮湿的空气吹进屋子。在相对湿度约为 10%的气候条件下,人们不会因为潮湿而感到不适。"沼泽冷却器"使用的能量比空调少。一个有趣的事实是,温度每增加 10 度蒸发速度增加一倍。

《国家科学教育标准》(国家研究委员会,1996)的相关内容

幼儿园至 4 年级:物体和物质的属性

• 物质以不同形态存在——固态、液态和气态。加热或冷却可以使一些常见物质从一种形态变为另一种形态,例如水。

5~8 年级:地球系统的结构

• 水覆盖了地球表面的绝大部分,经由地壳、海洋和大气进行反复循环,即"水循环"。水从地球表面蒸发,在上升过程中逐渐变冷凝结形成雨或雪,雨或雪降落到地面后在湖泊、海洋、土壤或地下岩石中汇聚起来。

《科学素养基准》(美国科学发展协会,1993)的相关内容

幼儿园至 2 年级:地球

• 敞开容器中的水会逐渐消失,而封闭容器中的水不会消失。

3~5 年级:地球

• 液态水消失后会变成空气中的气体(蒸汽),冷却后会重新变成液体,如果低于凝固点则会变成固体。云和雾都是由极小的水滴构成的。

3~5 年级:物质结构

• 加热和冷却能够引起物质属性发生变化。温度越高,很多变化速度越快。

6~8 年级:地球

• 水从地球表面蒸发,在上升过程中逐渐变冷凝结形成雨或雪,然后再次降落到地球表面。

在幼儿园至4年级中使用这个故事

尽管《科学素养基准》建议说“水消失了”，但是我们想让孩子知道，水在变成蒸汽的过程中只是从人们的“视线”中消失了。哪怕年龄较小的孩子也见到过水从罐子或水坑消失，但是，要让他们相信水变成了蒸汽并且一直存在于空气中则比较困难。然而，我们仍然可以让学生参与调查故事中提到的那些现象。读完故事之后，你可能会让学生填写“我们的最佳思维榜”，从中了解他们对“水去了哪里”以及“瓦实提如何战胜胡安娜”等问题的看法。开始研究的最佳时间是等待雨天水坑出现。但是，除非篮球场管理员非常友善，愿意在你和学生把场地弄脏之后费力冲刷干净，否则你们可能要在不下雨的情况下进行实验。

如果学生们推测说，瓦实提选择的大水坑较浅，而胡安娜的小水坑较深，那么你可以问他们能否找到具体方法在教室里加以验证。你可能要帮助他们了解如何把户外实验搬到教室来做。你可以提出如下问题：“一个容器开口大小对其中的水蒸发速度有没有影响？”你可能需要向他们说明什么是“表面积”，哪怕他们对“面积”这个术语可能只是略知一二。一种直观的方法是，你可以让他们看看为了覆盖一个物体表面需要使用多大的纸。例如，要覆盖一个餐盘几乎需要一整张笔记本大小的纸，而一个水杯只需要同样大小纸张的八分之一。学生可能会注意到餐盘里的水虽然比杯里的水浅，却比杯里的水占据的面积大。

通常，孩子们可能想到应当使用一定量的水（例如一杯水），分别将等量的水倒入一个口小的容器以及一个口大的餐盘。你最好自己首先尝试一下，看一看水蒸发需要多长时间，然后再决定什么时候让学生开始实验。如果你想在一天之内完成，就必须在上午很早就开始实验。为了加快蒸发速度，如果天气较为温暖，你可以把容器放在打开的窗户旁边，而如果天气较为凉爽，你可以把容器放在暖气片旁边。在凉爽的空气中放在散热器旁工作速度也会加快。实验可能还会涉及如下问题：

- 浅坑是不是一定比深坑的水蒸发快？
- 3个或4个尺寸递增的容器分别会对蒸发速度产生什么影响？

（或者类似问题）

- 热量是否能够加快蒸发速度?
- 蒸发之后会剩下什么残留物质?
- 我们能否使用不会剩下残留物的液体?
- 如果我们在水中溶解了大量的盐或糖,然后让水蒸发,会出现什么情况?
- 如果水里有很多物质,会影响蒸发时间的长短吗?

实验中肯定还会出现其他意想不到的问题。如你所见,这一研究活动将会把你带入一个新领域:把各种物质放在液体中加以溶解以及如何通过蒸发方式把它们还原回来。如果你愿意,你也可以进一步做更多的调查研究。

在5~8年级中使用这个故事

高年级学生对这个话题的反应与低年级学生有所不同,他们至少会在口头上同意水蒸气存在于空气中的观点,而实际上他们未必真的相信这一点。你可以利用佩奇·基利等著的《了解学生的科学想法》(第一册)(基利、埃伯利和法林,2005)一书中的故事"湿牛仔裤"了解学生的真实想法。这一探究案例要求学生就"蓝色牛仔裤在晾干过程中水分去了哪里"从7个选项中做出选择,并给出具体解释。令人惊讶的是,学生可能会选出正确答案,但是在被问及是如何知道答案的时候,他们给出的理由往往很牵强,甚至有人认为水必须被煮沸才能蒸发。通过这则故事可以引导学生结合自己的生活经验思考瓦实提如何能够准确预测坑里水蒸发快慢的问题。如果你的学生了解"物质具有微粒性"的知识,就不难解答故事中的问题。

你可以把这则故事改编成科学谜题:"瓦实提知道而胡安娜不知道的秘密是什么?"或者,"你能不能在校园里找两个水坑,把故事中的情景再现一遍?"再或者,"你能不能设计一个实验项目,用来展现水在不同容器中蒸发速度不同?"又或者,"容器的形状和大小是否影响水的蒸发速度?"

你也可以参考上一节"在幼儿园至4年级中使用这个故事"中的问题,不过我认为,随着调查研究不断深入,你的学生完全有能力想到这些问题并且还会碰到更多问题,然后设法予以解决。

相关书籍和美国科学教师协会期刊文章

Driver, R., A. Squires, P. Rushworth, and V. Wood-Robinson. 1994. *Making sense of secondary science: Research into children's ideas.* London and New York: Routledge Falmer.

Keeley, P. 2005. *Science curriculum topic study: Bridging the gap between standards and practice.* Thousand Oaks, CA: Corwin Press.

Keeley, P., F. Eberle, and C. Dorsey. 2008. *Uncovering student ideas in science: Another 25 formative assessment probes, vol. 3.* Arlington, VA: NSTA Press.

Keeley, P., F. Eberle, and J. Tugel. 2007. *Uncovering student ideas in science: 25 more formative assessment probes, vol. 2.* Arlington, VA: NSTA Press.

Keeley, P., and J. Tugel. 2009. *Uncovering student ideas in science: 25 new formative assessment probes, vol. 4.* Arlington, VA: NSTA Press.

Konicek-Moran, R. 2008. *Everyday science mysteries.* Arlington, VA: NSTA Press.

Konicek-Moran, R. 2009. *More everyday science mysteries*, Arlington, VA: NSTA Press.

Nelson, G. 2004. What is gravity? *Science and Children* 41 (1): 22–23.

参考文献

American Association for the Advancement of Science (AAAS).1993. *Benchmarks for science literacy.* New York: Oxford University Press.

Keeley, P., F. Eberle, and L. Farrin. 2005. *Uncovering student ideas in science: 25 formative assessment probes, vol. 1.* Arlington, VA: NSTA Press.

National Research Council (NRC). 1996. *National science education standards.* Washington, DC: National Academies Press.

第六章
可能性有多大?

正在看报纸的爸爸抬了抬头。

“大家都听好了。这篇报道说，有一颗美国间谍卫星本周内很可能报废并坠落。我们是不是应该把铅伞[①]拿出来?”

“它是从哪里来的?”正在地板上玩玩具汽车的萨姆(Sam)问。

“从外太空,”爸爸说,“它重达好几吨,肯定会在人行道上砸出个大坑!”

“别瞎说,乔治,”正在看电视的妈妈说,“不要吓唬我和萨姆。如果这是真的,我们一周内都不敢出门了。”

“尽管我认为卫星落到地面以前可能已经在大气层中燃烧殆尽,但是危险还是有的。”

“你认为它真的会落在这里吗?那实在太可怕了。”萨姆说。

“你爸爸只是在跟我们开玩笑,它不会落在我们这里。对吧,乔治?”妈妈说。

“报纸上说它有几吨重,因此不可能完全烧毁吧?不管怎样,落在我们这座城市的概率有多大?”

“卫星燃烧会加剧全球变暖吗,爸爸?”萨姆问爸爸。

“不,那完全是另一回事,萨姆。这些东西在大气上层快速燃烧,不会给地球增加多少热量。”

“地球非常大,是吗,爸爸?”萨姆问。他已经不玩了,看上去很担心。

“对不起,萨姆,我不是有意吓唬你。但是太空的确有很多垃圾,迟早会落下来。正如那句谚语说的:升上去的东西……”

“……一定会落下来。”不等爸爸说完,妈妈接过话茬。

“天哪,我希望它不会落到我们的房子上。”萨姆的声音中透着恐惧。

“你瞧,正如你刚才说的,地球非常大,卫星几乎不可能落在这附近。”妈妈安慰说。

“但是,它肯定会落在什么地方,怎么就不可能落在这里呢?”萨姆说。

“这与概率有关。让我们看看地球仪,说不定能发现什么。”妈妈说。

那天晚上,萨姆睡觉时感觉踏实多了。你觉得为什么会是这样?

---

① 铅伞,出自美国学者尼古拉斯·内格罗蓬特(Nicholas Negroponte)1995年出版的《数字化生存》(Being Digital)一书,撑起铅伞可抵挡卫星发来的数不清的信号——译者注

目的

地球表面积至少 71%是海洋，仅有 29%为陆地，陆地面积还包括湖泊、沙漠、池塘以及人类居住地等。学生应该能够看出这颗星球被水覆盖的面积有多大，然而，实际上，他们并没有真正意识到海洋的面积究竟有多大，甚至很多成人也是如此。有人认为，我们这颗星球不应该被称为地球，而应该被称为"海洋"。这则故事不仅可以帮助学生充分了解地球的基本特征，而且还可以帮助他们掌握概率、卫星和太空探索、太空垃圾以及我们对地球负有的责任等概念。既然萨姆问到燃烧的物体是否会加剧全球变暖的趋势，如果你愿意的话，也可以让学生就这个话题展开讨论。

相关概念

- 大气
- 卫星
- 概率
- 地球变暖

不要惊讶

你的学生或许并没有意识到海洋面积究竟有多大。尽管学生对地球仪都不陌生，然而，如果你不提醒他们，他们在观察地球仪时对浩瀚的海洋并不会特别在意。任何学生只要乘轮船或飞机跨越大洋，肯定会感到旅程花费的时间特别长，然而，他们很可能只会问上一句"我们还没到吗?"，却对浩瀚的海洋毫无知觉。

内容背景

公元前 325 年，埃拉托斯特尼在埃及亚历山大港计算出地球的周长为大约 25 000英里。地球的实际周长为 23 902 英里(40 075 千米)，相比之下，他的计算结果误差并不大。而考虑到当时的测量工具非常简陋，这一结果的精确度实在令人吃惊。

科学家告诉我们,地球表面积约为 510 000 000 平方千米,其中,被水覆盖的面积约为 361 000 000 平方千米(约占 71%)。因此,从太空眺望地球,就会发现这是一颗“蓝色星球”。沙漠占陆地表面积约为 20%,冰盖约为 2%。除此之外,地球表面适合人类居住的区域仅占大约 12%。这就意味着太空物体落在人类居住区的概率约为十分之一。如果你在你家拿房屋面积与地球表面积相比,就会发现房屋被砸中的概率几乎为零。

当然,根据概率,陨石或太空垃圾的确有可能坠落到人类居住的地区。概率说的是事情发生的可能性或大或小,并不是说完全不可能。尽管如此,萨姆知道自家被太空垃圾砸中的概率很小以后,当然能够安然入睡。

大多数太空物体进入地球大气层时首先撞上空气,在快速坠落过程中与空气摩擦而释放能量。这些能量主要表现为热能或光能。当太空物体进入大气层发生燃烧时,往往会拖曳着长长的“尾巴”,我们称之为“流星”。如果流星非常大,没有完全燃烧,最终就会坠落到地球表面,我们称之为“陨石”。

数百万年来,坠落到地球上的陨石不计其数,有些陨石较大,形成的陨石坑相应较大,例如,亚利桑那州北部的巴林杰陨石坑直径 4 100 英尺(1.2 千米),深度 570 英尺(173 米)。据说,这个坑是 20 000 至 50 000 年前形成的。从那时至今还没有哪一个陨石坑能与之相比。体积较小的太空物体进入大气层以后,在与空气摩擦过程中往往燃烧殆尽,不会到达地面。

如果你打算利用这个话题探讨全球变暖的问题,那么我建议你参考《科学视野》刊载的文章《深入研究:全球变暖》(米勒,2006)。该文为教师全面总结了地球变暖的相关问题,你可以在网站 www.nsta.org 文件存档中找到这篇文章。

《国家科学教育标准》(国家研究委员会,1996)的相关内容

幼儿园至 4 年级:地球物质的属性

- 地球物质是指坚硬的岩石、土壤、水以及大气中的气体等。

5~8 年级:地球系统的结构

- 水覆盖了地球表面的绝大部分,经由地壳、海洋和大气进行反复循环,即“水循环”。

《科学素养基准》(美国科学发展协会,1993)的相关内容

6～8 年级:地球

• 地球主要由岩石构成。地球表面四分之三的面积覆盖着一层相对较薄的水(其中一部分为冰),整个地球被一层相对较薄的空气包围。

在幼儿园至 4 年级中使用这个故事

基利和塔古尔的著作《发现学生的科学想法》(第四册,2009)中有一个探究案例“它会落在哪里?”。老师要求学生预测太空物体将会坠落在地面上什么地方。学生的回答五花八门,其中包括沙漠、人类居住区、海洋,冰川、淡水水域以及最大的大陆等。你可以在自己的学生中间使用这一案例,看看他们对这个问题如何回答,结果想必很有趣。该案例还要求学生就自己的答案给出解释。正如我们的故事所言,查看一下地球仪可能会对他们寻找原因有所帮助。

有人可能会担心低年级学生理解不了“概率”这么难的概念,然而经验告诉我事实并非如此。我在二年级课堂通过一个简单活动成功地帮助学生弄清了“可能”与“大概”之间的区别。下面是这次活动的具体过程。

我给每位学生分发了 3 个新鲜的豌豆荚,让他们把豆荚剥开,数一数每个豆荚里豌豆的数量并记录下来。我再给每个学生分发 3 张正方形小纸片,每张纸片代表一个豌豆荚里豌豆的数量。我在一张大纸上画了一条横线,把这张纸贴在黑板上。我把横线标注为“豆荚里的豌豆数量”,在线上等距离标出数字 0～10。然后,我让学生根据每个豆荚里的豌豆数量把纸片贴在黑板相应的数字上。这样就形成了一张柱状图,正常情况下结果应该是一个钟形曲线,每个豆荚里可能含有的豌豆数量往往与图形中间的数字对应。我跟学生共同讨论这一现象,并让他们注意与图形两端数字对应的豌豆数量少之又少。

我还特意在袋子里留下一些豆荚,这时,我让学生预测这些尚未剥开的豆荚里豌豆的数量是多少,然后再让他们把豆荚逐一剥开。大部分学生会选择最可能出现的那个数字,偶尔会有孩子随意选择一个数,说那是他或她最喜欢的数字。然后,我用不同颜色的正方形纸片把新剥开豆荚里豌豆的数量贴在相应的数字上。

一般而言,大部分新剥开豆荚的豌豆数量都会与图中间的数字对应(可能),但是,偶尔也会有一两个与图形两端的数字对应(大概)。有些学生接受能力很强,马上就能预测每个豆荚里豌豆的数量可能与图中中间3个数字之一对应。等到学生把剩下的豆荚全部剥开,几乎所有学生都明白了“可能”与“大概”的区别。每次我都会一边伸手拿袋中的豆荚一边问:“这个豆荚里豌豆数量可能会是2吗?”(是)。“是2的概率大吗?”(不)。这样反复多次,学生很容易明白两者之间的区别。

我从上述探究案例中选取的另一个游戏是,让学生拿充气地球仪做类似击鼓传花的游戏,传递次数可达25次或更多。具体做法是,让学生聚成一个圆圈,拿着地球仪在他们中间来回传递。如果地球仪被传到某一个学生手上,那么他或她就需要看一看自己的手放在地球仪的什么位置,例如沙漠、人类居住区或海洋等。同学们把这种情形逐一记录下来,结果会发现,大多数情况下,他们的手所在的位置都是海洋。

你也可以借此机会把相关地理知识教学编入课程大纲,而新近出版的教学大纲在这方面重视不够。你可以让学生在玩地球仪游戏的时候,分别指出各个大洲、国家甚至湖泊的位置。

在5~8年级中使用这个故事

中学生对地球表面的海洋面积比较容易理解,尽管如此,他们仍然没有想到海洋竟然会那么浩渺无边。“在幼儿园至4年级中使用这个故事”提到的教学活动同样适用于这个年龄段的学生。让学生分辨概率与可能性等概念的区别并无不妥,而“击鼓传球”活动可以为学生接受更加复杂的教学任务做好铺垫。例如,你可以根据这个年龄段学生的知识水平,向他们介绍如何计算球体面积、海洋面积以及人类居住区面积的方法,从而让他们懂得数学与科学相结合的重要性。

球体表面面积计算公式为$S=4\pi r^2$,其中,r为地球半径,π如果用分数表示约为22/7,如果用小数表示则为3.141 6。地球表面积约为196 940 400平方英里(510 065 600平方千米),平均半径约为7 913英里(12 735千米)。学生应该有能力计算出地球表面积的近似值,而且会惊奇地发现陆地面积仅占29%。他们通过进一步调查会发现,在这29%的面积中,沙漠、高原、冰川和山脉等地不适合人类居住,这就使得人类被小型人造卫星砸中的概率进一步降低了。

学生可能会联想到航天器进入地球大气层面临被烧毁的风险以及防热盾如何发挥保护作用。这会激励他们探索每年不同时间发生的流星雨现象，在此期间，流星尾巴含有的颗粒物质往往会进入大气层。流星雨的出现具有一定的规律性，媒体通常都会做出预告。流星颗粒以极快的速度进入大气层，与大气产生摩擦后化为灰烬，结果，我们看到夜空中有一道亮光划过。

这个年龄段的学生可能会提出全球变暖问题以及围绕该问题发生争议。我不清楚为什么，但是学生经常会这样做。或许是因为关于地球的讨论引出了他们关心的问题。我觉得有必要提出一些建议，万一班里学生提出这个问题，你可以从容应对。有充分证据表明，地球表面温度在过去 250 年间不断升高。争论的焦点在于，一些科学家认为，全球变暖并非人类排放的大量温室气体所致，而是地球气温正常波动循环所致。这些怀疑论者能够解释为什么大气中增加了那么多温室气体却*没有*影响到全球气温变化，然而，他们无法解释为什么全球变暖的速度如此之快。有些人说，提出“全球变暖”这一概念的人完全出于政治目的，全球变暖趋势是一种自然现象，在地球数十亿年的历史中曾经反复出现。诚然，全球气温曾经上下反复波动，但是那时候人类还没有把大量温室气体排放到大气中。单是这一条就足以引发学生的兴趣，激发他们探索人类活动给地球气温周期波动带来了什么影响。

你可以借此机会组织学生进行一场辩论：全球变暖与人类活动之间的关系。为了得出结论，他们可以利用一切可资利用的观点或数据。根据我们的经验，这样的辩论效果非常显著，可以让学生形成自己的立场，并找出足够的证据支撑自己的观点。毕竟，科学家们接触到的也是这些资料，但是他们对资料的解读并不总是一致。

当然，这也是科技发展史的一个重要方面。解读资料的过程意味着我们需要做到去伪存真、去粗取精、纠偏矫正等。这还是锻炼学生的一次绝好机会，因为科学技术突飞猛进，学生应当学会如何从纷繁芜杂的资料中筛选自己需要的内容。我推荐你阅读克劳斯特曼和赛德克(Klosterman and Sadker，2008)发表在《科学视野》杂志的文章《科学教育的信息素养：基于网络的社会科学问题资料评估》，www.nsta.org 网站有该文存档。你不用被这篇文章的标题吓倒！该文提出了一些非常实用的建议，可以帮助学生如何从浩如烟海的资料中查找自己需要的东西。该文不仅可以帮助你处理本章的自然科学问题，而且可以帮助你处理你可能会遇到的社会科学问题。

相关书籍和美国科学教师协会期刊文章

Driver, R., A. Squires, P. Rushworth, and V. Wood-Robinson. 1994. *Making sense of secondary science: Research into children's ideas.* London and New York: Routledge Falmer.

Keeley, P. 2005. *Science curriculum topic study: Bridging the gap between standards and practice.* Thousand Oaks, CA: Corwin Press.

Keeley, P., F. Eberle, and C. Dorsey. 2008. *Uncovering student ideas in science: Another 25 formative assessment probes, vol. 3.* Arlington, VA: NSTA Press.

Keeley, P., F. Eberle, and L. Farrin. 2005. *Uncovering student ideas in science: 25 formative assessment probes, vol. 1.* Arlington, VA: NSTA Press.

Keeley, P., F. Eberle, and J. Tugel. 2007. *Uncovering student ideas in science: 25 more formative assessment probes, vol. 2.* Arlington, VA: NSTA Press.

Konicek-Moran, R. 2008. *Everyday Science Mysteries.* Arlington, VA: NSTA Press.

Konicek-Moran, R. 2009. *More Everyday Science Mysteries.* Arlington, VA: NSTA Press.

参考文献

American Association for the Advancement of Science (AAAS).1993. *Benchmarks for science literacy.* New York: Oxford University Press.

Keeley, P., F. Eberle, and L. Farrin. 2005. *Uncovering student ideas in science: 25 formative assessment probes, vol. 1.* Arlington, VA: NSTA Press.

Klosterman, M., and T. Sadker. 2008. Information literacy for science education: Evaluating web-based materials for socioscientific issues. *Science Scope* 31 (8): 62–65.

Miller, R. 2006. Issues in Depth: Inside global warming. *Science Scope* 30 (2): 56–60.

National Research Council (NRC). 1996. *National science education standards.* Washington, DC: National Academies Press.

第七章
粉碎机在这里

“家务！今晚又轮到我刷碗，”埃里克(Eric)心里说，“或许我再要一块馅饼，他们就会忘了这事。”

“能再给我一块超级好吃的馅饼吗？我认为这是你做过最好吃的馅饼。”埃里克说，希望这句奉承话能让姐姐忘记今晚轮到他刷碗的事。

“当然啦，小弟弟。既然今晚该你刷碗，我想，你还是接着用你正在用的盘子好了。”詹妮(Janny)冲他狡黠地笑了笑。

“该死,她记着呢!”埃里克决定还是先把第二块馅饼吃完,再去解决那些讨厌的盘子。

他吃完馅饼,喝了一杯牛奶,把餐桌上的盘子收拾好以后放在水槽里,准备用他那娇嫩的小手洗刷干净。他给水槽注满水,加入洗涤剂,开始冲洗盘子并擦拭,然后放在碗橱架子上晾干。完成这一系列工序后,他发现橱柜上有一个需要被投入垃圾箱的空汽水瓶。

“这虽然不是餐盘,不过我还是洗一下吧。”他心里想。埃里克用热水把瓶子冲洗干净,把水倒出来,然后拧上盖子。他把瓶子放在橱柜上以后准备离开厨房。突然,他听见身后传来爆裂声。他迅速转过身去,刚好看见汽水瓶“啪”的一声瘪了下去,好像被人挤压一样。

埃里克打开瓶盖,瓶子又恢复了原状。他把瓶子反反复复用热水冲洗、拧上瓶盖,惊奇地发现瓶子每次都会出现上述情形。

“嗨,伙计们,快来看啊,”他大声叫道。

一家人对这件事情持有不同看法。

姐姐詹妮说,埃里克把水从瓶子倒出的时候,空气也随着水一起被倒出,因此瓶中变成了真空状态,但是她不能解释为什么瓶子没有立即瘪下去。妈妈认为,这是因为制造塑料瓶的材质的问题,它遇到热水就会迅速收缩。爸爸赞同妈妈的观点。

有人认为,这是因为埃里克正在冲洗的时候立即把水倒出。还有人心生疑问:不是塑料制造的瓶子是否也会出现这种现象?

大家有很多不同的想法,也有很多疑问。与此同时,埃里克开始思考“如果……将会怎样”的问题,并立即把自己的想法在厨房水槽中付诸实践。他以前认为洗碗是件苦差事,现在却乐在其中!

目的

只要你冲洗过塑料汽水瓶，就会有这样的经历。但是我在想，有多少人注意到这种现象并做出“如果……将会怎样”的思考？这则故事的目的即在于此。让我们探索日常科学的又一个谜题：气压及其在生活中的重要性。

相关概念

- 气压
- 膨胀和收缩
- 温度
- 真空
- 热能

不要惊讶

每一位天气预报员都会谈到高压区和低压区，却往往被我们当成耳旁风，正如俗话说的那样，“一只耳朵进，另一只耳朵出”。很多学生根本不相信我们周围的空气具有质量或重量，更不用说空气能够给我们以及我们周围的一切物体造成压力了。

很多学生认为空气（或其他任何气体）跟“思想”之类的抽象概念属于同一范畴。你如果看过电影《私人宇宙》，肯定会记得那个中学生乔恩（Jon）。他无论如何也不相信空气（或其他任何气体）会占用一定的空间，除非它是能移动的“风”或者以干冰形式存在。大多数学生都不知道“陈旧的”苏打比新鲜的苏打重量轻。

我们可以想见的一个主要问题是，学生往往认为空气和氧气是一回事。空气当然是由多种气体构成的，而氧气只是其中一种。氧气约占空气总构成成分的 21％。

因此，我们置身其中的大气具有质量并且能够给我们施加压力，这个想法对很多学生而言似乎荒诞不经。当然，如果你直接发问，他们肯定不会告诉你。然而，这个故事本身就是一种形成性评价，让学生就“大气”展开讨论，你可以从中了解他们对这一概念的认识水平如何。

内容背景

在我们的前后左右、上下内外，到处都是一种被称为大气的混合气体。大气即我们所说的空气，是由各种气体分子构成的，占据一定的空间，因此具有质量。跟所有动物一样，人类也需要呼吸空气。空气对植物的生命至关重要，因为它为植物提供二氧化碳，而植物通过光合作用把碳变成细胞的组成部分。空气中含有水蒸气以及各种各样飘浮其间的矿物质和微粒，其中包括污染物。空气流动时，我们称之为“风”;空气不存在，我们就无法呼吸。

空气对地球上的任何东西都会产生压力。在海平面，气压约为每平方英尺14.7磅，从海平面垂直向上，气压随着高度增加而相应降低。从专业角度而言，距离地球表面 120 千米的高空为大气圈的外部边界。大气圈被划分为 5 个不同的层次，每一层随着高度增加而气压相应降低。

在高度为 8 850 米(29 000 英尺)的珠穆朗玛峰顶部，气压相当于海平面的50%。商用飞机飞行高度大致在这个层次，平均 33 000 英尺。当你乘坐商务飞机飞行时，我们需要给机舱内增压，使舱内气压跟 6 000～8 000 英尺(1 830～2 440米)高度的气压相当，这两个高度的气压存在一定差异，但是增压后一般不会让人产生不适感。机舱必须增压主要基于两个原因。首先，飞机在高空飞行时有可能发生变形，甚至导致飞机结构损坏。其次，由于高空气压非常低，乘客可能会感到不适。机舱内的氧气含量也需要被减少，但是乘客通常不会感到这一点，除非你患有某种疾病，需要呼吸的氧气水平跟海平面相当。

气压的变化可能给人造成不适。当飞机起飞或降落时，你的耳朵可能会感觉到气压的变化。空气被困在耳道里，随着飞机高度不同而发生改变，你会察觉到耳道内外气压不同，耳膜明显收缩，这甚至会让一些人感到疼痛。而有些人只是稍微感到有所不适，待到耳道内外气压恢复平衡后，他们会感到耳朵发出轻微的爆裂声。如果你开车从高山上迅速下降或者是乘坐快速升降电梯，也会有这种感觉。

包裹在地球周围的大气圈对地球上的生命非常重要。大气圈能够过滤掉大量紫外线，并且减少辐射热向外空逃逸，由此保持地球相对较为温暖并降低昼夜温差。这种通过截留热能以调节地球温度的现象被称为温室效应。科学家认为，近年来全球气温之所以快速升高，是因为化石燃料燃烧后释放出的气体在大气中已经形成了单独的一层，阻碍热能向外空正常逃逸。

气压是指单位面积上向上延伸到大气上界的垂直空气柱的重量。如前所述，气压在海平面最大，而随着海拔高度上升逐渐减小。影响气压的因素还有温度以及空气中水蒸气的含量。高压空气通常浓度较大、较为干燥，低压空气浓度较小、较为湿润。这一点似乎有悖常理，但是，水蒸气分子比构成空气的各种气体分子平均值较轻，平均浓度（质量除以体积）较低，因此产生的压力较小，被称为“低压”。相反，干燥空气浓度较大，因此产生的压力较大，被称为“高压”。

干燥空气通常比湿润空气冷。因此，在高压情况下，冷空气移动到你所在的区域，会带来寒冷、干燥、晴朗的天气。相反，低压往往会带来温暖、湿润、阴雨的天气。

我们这一代人当年上学时大都见到过老师给金属罐加热的演示。我们能够目睹罐中的水沸腾，蒸汽不断冒出来。然后，老师用盖子把金属罐盖上，而我们惊奇地发现，罐子似乎被一只无形的手捏瘪了。老师说，这是因为沸水把罐子里的空气带走了，罐子遭到周围空气压力的挤压而变瘪。你相信老师的话吗？我记得我在校期间至少见到过好几次此类情景，直到上高中物理时，我才相信这是真的，或者说，我终于懂得了这种现象背后的原因。我在学校从来没有接触过这类实验设备，在家里也没有设备或机会进行尝试。

随着塑料瓶日益普及，而今的学生做起这个实验来安全多了。当做家庭作业？当然可以，不过你应当事先通知学生家长，请他们监督孩子不要拿滚开的水尝试。热水会促使瓶内的空气膨胀，由此使得大量空气从敞开的瓶口跑出去。你把热水倒掉，用盖子把塑料瓶盖上，此时瓶内的空气很少，而且是热的。随着瓶内空气逐渐冷却，它占据的空间变小，因此，瓶外的室温空气压力足以把瓶子挤瘪。如果你盖上瓶盖之后向瓶体泼一些冷水，就会加快这一过程，因为瓶内空气的冷却速度更快，整个反应会加速完成。

就我个人经历而言，我曾亲眼见证气压的巨大威力。我买了一个油箱盖，结果却发现盖子没有透气孔。在驾车途中，汽油被逐渐耗尽，而外面的空气却无法进入油箱。汽车油箱竟然被外部气压挤瘪了！所幸的是，商家给我赔偿了新油箱和油箱盖。问题在于，制造油箱的金属可不是薄片，而是非常厚实的钢板，尽管如此，箱内的汽油被耗尽变成真空后，面对每平方英寸 14.7 磅的气压也会被挤瘪。跟塑料瓶一样，压力也是来自外部！

《国家科学教育标准》(国家研究委员会,1996)的相关内容

幼儿园至4年级:环境变化

• 环境变化既可能是自然变化,也可能是人为变化。有些变化是好的,有些是坏的,还有一些既不好也不坏。

5~8年级:地球系统的结构

• 大气由氮气、氧气以及包括水蒸气在内的微量气体混合而成。不同海拔高度的大气具有不同的属性。

《科学素养基准》(美国科学发展协会,1993)的相关内容

幼儿园至2年级:能量转化

• 太阳给大地、空气和水带来温暖。

3~5年级:地球

• 空气是围绕在我们身边并占据一定空间的物质。这种物质在运动时,被我们称为"风"。

6~8年级:地球的形成过程

• 人类活动,例如减少森林覆盖面积、增加排放到大气中化学物质的数量和种类、实行农业集约经营等,已经改变了地球的陆地、海洋和大气的状况。

在幼儿园至4年级中使用这个故事

开始上课前,我喜欢问学生是否刷过碗以及是否经历过故事中的情景。令人惊奇的是,一些学生确实有过这样的经历,而且急于想说给你听。显然,那些没有过这种经历的学生也跃跃欲试。我建议,你在给学生做演示的时候,让他们告诉你每一步应该怎么做。你可以让学生把这些步骤写在一个大的表格里,这样,便于分

析每一步会产生什么结果。

还有一个好办法:你可以事先准备几个同样的瓶子,如果学生对每个步骤的结果提出不同预测,你可以拿这些瓶子进行比较。例如,如果孩子们问热水的温度不同是否会造成瓶子被挤瘪的程度不同(他们通常都会问到这个问题),那么你可以现场进行实验。

如果教室里有冷、热两个水龙头,那么演示起来就会十分方便。如果没有的话,你就需要使用几个容器装满不同温度的水,或者,你可以使用电炉给水加热。如果你没给学生讲过温度计的知识,也可以利用这个机会向他们介绍一下。这样,将会有很多数据等待学生去记录与分析。其中的变量可能包括:

- 水的温度高低
- 水在瓶里留存时间的长短
- 瓶子的大小
- 瓶里水量的多少
- 你使用什么方式把瓶里的水倒掉
- 如何给瓶子冷却
- 瓶子的形状不同
- 制造瓶子的塑料厚薄程度如何
- 步骤不同,例如,只是从外部给瓶子加热

学生将会意识到步骤很重要。你可以把水注入瓶中,然后不停旋转瓶子,或者,你在把瓶里水倒出的时候速度可以很快也可以很慢。你可以问一问学生,如果每次都严格按照上述步骤实验,结果是否不同。他们在做试验时通常都会严格按照步骤进行。

尽管故事中埃里克并没有对瓶子进行快速冷却,但是你可以加上这一步骤,让学生预测瓶子在收缩过程中是否会有什么不同。通过这种方式,你可以把"冷却"这个有助于解决问题的重要概念介绍给学生。关于压力的来源,你需要给学生一些提示,不过,低年级学生对此还是感到难以理解。尽管如此,这一概念可以引发他们深入思考,为将来理解"气压"这一科学概念奠定基础,而这也是孩子们学习科学必经的过程。

如果你胆子够大,甚至可以建立一个实验中心,让学生自己动手进行调查研究。或者,你可以以通知形式向学生家长解释你要求学生做什么,请他们在孩子在家做实验时进行监督,以避免孩子遇到危险。让学生使用家里常用的热水水龙头,往往就足以取得非常明显的实验效果。

在5~8年级中使用这个故事

高年级学生可能有过埃里克那样的经历,对瓶子被挤瘪的原因会发表自己的看法。你可以让学生把自己的想法写在“我们的最佳思维榜”上,借此培养他们的思维能力。毫无疑问,你的学生肯定非常想目睹这一现象,你可以按照“在幼儿园至4年级中使用这个故事”一节的教学建议行事,或者,如果你拥有上述设备,也可以让学生自己动手验证自己的预测。如果学生提出上一节谈到的各种变量问题,你可以让他们分组进行实验,然后汇报实验结果。跟其他各章一样,让学生在实验之前先行预测非常重要,然后让他们把各种数据记录在科学笔记本上,以便实验结束之后展开讨论。

需要特别强调的是,你务必要让学生把这个话题拿到课堂上讨论。在讨论过程中,你应当发挥引导作用,尽量以拉家常的方式倾听学生的心声。学生与学生之间(而不是与你之间)讨论越热烈效果越好。在轻松愉快的氛围中,学生能够畅所欲言,根据讨论结果改正自己的错误观点。一个很好的做法是,你事先尽量把各种实验材料准备齐全,让学生根据自己的想法现场动手实验加以验证。

当然,你也可以让学生在家里做实验。这时,父母的监管很重要,因为这个年龄段的孩子往往天不怕地不怕,对安全措施置若罔闻。

最后,如果你登录NSTA网站,可以在《科学视野》杂志存档中下载一篇名为《托里拆利、帕斯卡和PVC管》的文章[佩克(Peck),2006]。作者在文中提出了一些非常有趣的做法,教你如何利用吸管、皮管以及PVC管测量气压。我极力推荐这篇文章。你可以利用吸管来改变一个常见的错误观念:人们往往认为他们是通过吸管把饮料“吸”上来的。实际上,是由于吸管内的空气被抽空,气压主动把饮料“送”到他们嘴里的。

相关书籍和美国科学教师协会期刊文章

Driver, R., A. Squires, P. Rushworth, and V. Wood-Robinson. 1994. *Making sense of secondary science: Research into children's ideas.* London and New York: Routledge Falmer.

Keeley, P. 2005. *Science curriculum topic study: Bridging the gap between standards and practice.* Thousand Oaks, CA: Corwin Press.

Keeley, P., F. Eberle, and C. Dorsey. 2008. *Uncovering student ideas in science: Another 25 formative assessment probes, vol. 3.* Arlington, VA: NSTA Press.

Keeley, P., F. Eberle, and L. Farrin. 2005. *Uncovering student ideas in science: 25 formative assessment probes, vol. 1.* Arlington, VA: NSTA Press.

Keeley, P., F. Eberle, and J. Tugel. 2007. *Uncovering student ideas in science: 25 more formative assessment probes, vol. 2.* Arlington, VA: NSTA Press.

Konicek-Moran, R. 2008. *Everyday Science Mysteries.* Arlington, VA: NSTA Press.

Konicek-Moran, R. 2009. *More Everyday Science Mysteries.* Arlington, VA: NSTA Press.

参考文献

American Association for the Advancement of Science (AAAS).1993. *Benchmarks for science literacy.* New York: Oxford University Press.

National Research Council (NRC). 1996. *National science education standards.* Washington, DC: National Academies Press.

Peck, J. F. 2006. Science Sampler: Torricelli, Pascal, and PVC pipe. *Science Scope* 29 (6): 43–44.

第八章
夏令时

“今晚，我们要把钟表拨快一个小时！因为明天是 3 月第一个星期日。”杰姬(Jackie)兴奋地说。

“那有什么大不了的?”从城里来的丹泽尔(Denzel)说，他是杰姬的堂兄，“因为把中标拨快一个小时，我们的睡眠时间就少了一个小时，早上醒来还很困。”

“可是，我们的白天多了一个小时，而且还能节约能源。”杰姬说。

“你在胡说什么？调乱时钟并不能让白天时间更长！还有，我们怎么节约能源？你给我解释一下。”丹泽尔不耐烦地说。丹泽尔可能有点生气，不过，平时他对这个堂妹还是很和气的。

“可是，”杰姬接着说，“晚饭时天还很亮，日落时间往后推迟，所以白天时间肯定变长了。这意味着晚上我们不用那么早就打开房间里的电灯，当然会节约能源！”

“瞧瞧，”丹泽尔说，“你只是调整了钟表，又不是调整太阳。你应当核实一下我们获得的光照时间是不是比以前更长。再说电灯，我们在清晨打开电灯的时间比以前更早，怎么可能节约能源？我们只不过是把晚上的电改到早上用罢了。”

“不管怎样，我听爷爷说，他的一些朋友担心白天额外多出来的一小时会把庄稼烤焦，就是这么回事。”

“他在开玩笑。”丹泽尔笑了。

“不，他没开玩笑，”杰姬反驳道，“还有，11 月份夏时制①结束时大家都说我们又回到了原来的时间，你怎么解释？如果不是原来多出一小时，他们后来怎么把它去掉的？”

丹泽尔只是翻了个白眼。

“杰姬，我认为你最好在学校向人请教这个问题。白天额外多出来时间和节约能源的想法在我看来真是愚不可及。不过，你可以把这一想法拿到学校去讨论，让我看看会得出什么结果。”

① 夏时制，又称日光节约时制(Daylight Saving Time)，美国每年 3～11 月实行夏时制——译者注

目的

对很多人而言,时间是一个难以理解的概念。我们依靠钟、手表和日历等了解时间。但是钟表出现以前,古人通过查看物体的影子或太阳在空中的位置就能够判断时间。现今甚至很多成人都没有意识到,日、月、年等时间概念是一些古代文明为了农业生产而创造出来的。这则故事探讨的是杰姬对调整时钟时间存在的错误认识,而丹泽尔试图让她明白,季节、昼夜以及其他对人类而言具有重要意义的自然现象的决定因素是地球与太阳的关系,而不是时钟和日历。毕竟,时间和日历都是人类在对天体运行规律观察之后创造出来的。

这则故事还为孩子们提供机会就下列问题展开讨论:通过调整钟表时间节约能源、帮助农民从事农业生产、预防交通事故以及预防犯罪等。上述内容都是美国实行夏时制的原因,但是围绕夏时制还存在很多争议。你可以让孩子们借此绝好机会来收集相关数据并对此做出评价。

相关概念

- 地日关系
- 地球的运动
- 时间
- 太阳的视运动

不要惊讶

实际上,我通过跟一些成人交谈发现,他们认为我们使用的钟表与太阳有直接关系,改变钟表时间就会改变地球与太阳的时间关系。如果你的学生存在同样的错误认识,也是在意料之中的事情。孩子们往往把时间与特定的事情联系起来,例如,是起床、睡觉、午休或者吃饭的时间了吗?当他们想要看自己喜欢的电视节目却被告知明天才能开始时,便会感到很沮丧。电视节目应该是他们想什么时候看就什么时候播!从这种错误意识出发,难怪他们不懂时间是人们根据天文现象创造出来的,他们通过操控钟表、日历和假日等满足各自的文化和信仰需求。从把时间看成是假日之间或一日三餐之间的间隔到把时间看成是一个天文概念,这个从具体到抽象的过程跨度巨大,可能令很多孩子无法理解。或许这就是为什么甚至连成人都会对"春天(把钟表)向前拨,秋天(把钟表)向后拨"这类事情产生误解的原因,他们没有意识到这句谚语只是便于我们记住每年春秋两季需要把钟表调整一下,而不是客观反映太阳时间的实际情况。"夏令时"这个概念对很多人而言始终是一个未解之谜。

内容背景

时间或许总是与太阳、月亮及其他几个天体的运动联系在一起。古希腊和罗马就已经有了太阳钟,人们率先想到把每天分为 24 个片段(称之为小时)。但是,由于一年中不同季节的每一天长度参差不齐,所以每个小时的时间也长短不一。热带地区几乎没有季节差异,所以他们的小时时长比较整齐划一。从赤道向北或向南距离越远,每小时长短差异越来越大。不过,由于古人对时间的精确度几乎没有要求,所以他们对此也就听之任之。

考古学家和历史学家们目前仍在努力破解古人建造英国巨石阵和美国新墨西哥州查科峡谷等文化遗址的真正原因,解读波利尼西亚、亚洲以及中南美洲等地各种各样的历法。显然,古代文明对如何标记时间始终怀有极大的兴趣。例如,农业生产是古代文明关心的主要问题之一,因此,如何标记播种与收获的具体时间至关重要。早在公元前 1500 年,埃及和希腊等一些古代文明就在努力寻找各种办法测量更精确的时间间隔。当然,古人在这方面遇到了重重困难。

直到地理大发现时代到来,旅行者们需要测量自己在地球上的确切位置,尤其是经度位置,人们对计时的精确性要求越来越迫切。接下来,由于商业和贸易依然依赖传统的运输方式,经济逐渐走向全球化,世界各国需要共同商定一套统一的计时系统,以便商品生产和交通运输等各项活动有一个公认的参照标准。试想一下,如果每个城市、州或国家都按照自己的时间标准行事,这个世界会变得多么混乱!

1675 年,世界上大多数国家一致认为时区应当有一个起始点,同意把格林尼治平时设定为标准时间,把 0 度经线设定在英国格林尼治天文台(尽管法国反对)。1865 年,英国绘制了时区界限,据此制订了火车出发与到达的准确时间。由于各地的太阳时是以太阳在天空中的位置为基础设定的,因此不同地方的太阳时不尽相同。随着交通工具速度变得越来越快,火车可以在很短时间内穿越整个英国,人们注意到英国西部边缘的12点(太阳时)跟东部边缘的12点差别很大。但是,直到1929年,世界各国才同意统一使用协调世界时,根据协调世界时,地球经度每隔15度为一个时区,最终消除了各国因坚持使用各自标准时间而造成的混乱局面。由于每天时间为24个小时,而一个完整的圆包含360度,因此每个时区被设定为15度,也就是相差1个小时。在这些参数基础上,一些国家或省份在境内按照时间每相差30分钟把时区细分为更小的单位(例如加拿大纽芬兰省、印度和阿富汗),有些甚至使用相差15分钟的标准。而有些国家只使用一个时区,例如中国,尽管中国幅员辽阔,东、西边界距离远远超过15度。如果你想查看世界各地时间是如何分布的,网站 www.worldtimezone.com 有一幅很棒的世界时区图。

早在18世纪就有人提出了夏令时的想法,但是直到1918年才被一些国家接受,却没有被农民认可,尤其是在美国印第安纳州,有些人固执地认为夏令时给他们带来了额外的光照时间,并对此深恶痛绝。然而,有些人看准了实行夏令时能给他们带来巨大商机,便不遗余力地推广这种做法,例如体育用品制造商。因为夏令时能给那些在下午5点下班的人提供更多休闲时间。这一做法受到推广当然还有其他原因,例如交通与行人安全问题、节约能源以及预防犯罪等。现在,夏威夷和亚利桑那两个州依然不同意使用夏令时,除此之外,世界上有40多个国家也表示反对,还有一些国家试用了几年后决定取消这种做法。主要原因在于,这些国家认为,如果大家都不使用夏令时,那么在进行国际贸易时可以避免计时系统出现混乱。

由于日出是每个工作日开始的主要标志之一,我们可以看到,随着地球自西向东旋转,阳光到达每个时区西部边缘的时间就会比到达东部边缘迟。如果你翻阅带有日出表的历书,就会注意到每个时区西部日出时间总比东部晚,而且时区越往西日出时间越晚。

假设你乘坐直达航班从波士顿飞往西雅图,上午8点出发,耗时5小时。当你抵达西雅图时会发现时钟上只过去了2个小时,这是因为,尽管你在旅途上已经度过了5个小时,却向西经过了3个时区,所以需要扣除3个小时。西雅图此时才上午10点钟。假设你返回波士顿,情况刚好反过来:飞机在空中航行5小时,而你抵达波士顿时时间比西雅图晚了8小时。你飞越了3个时区——这次是向东,因此要在时钟上增加3个小时。你的身体时间还停留在西雅图,但是波士顿时间已经过去了几个小时。这就是所谓的飞行时差反应——你的身体时间与所到时区的时间两者存在差异。当你长途旅行的时候时差反应会更加明显。我们的身体有一个“内置的生物钟”，它是根据我们在某一个时区生活而逐渐形成的，左右着我们的作息时间。当我们来到一个陌生国度，就必须对生物钟进行调整，而这可能需要好几天。下面是关于动物体内生物钟的典型例子，当夏时制开始实行时，狗和猫依然按照以往的时间向我们讨要食物，而不是按照调整过的时钟时间。你自己的胃也可能开始咕咕作响，哪怕时钟说你还要再等待一个小时才到开饭时间。

对儿童和成人而言，时间是一个饶有趣味却令人费解的抽象概念。你可以把自己的有关经验都告诉学生，帮助他们了解这个话题多么令人入迷。我喜欢有关时空穿梭的电影和书籍，例如 H. G.韦尔斯（H. G. Wells）的经典著作《时间机器》。“时光倒流或前进”对我而言都无所谓，我只是想知道自己穿越到另一个年纪会是什么样子。

《国家科学教育标准》（国家研究委员会，1996）的相关内容

幼儿园至 4 年级：天空中的物体

• 太阳、月亮、星星、云、鸟和飞机都有自己的特性、位置和运动，这些现象都可以被我们观测到。

幼儿园至 4 年级：地球和天空中的变化

• 天空中的物体具有自己的运动模式。例如，太阳似乎每天沿着同一路径从天空经过，实际上它的路径会随着季节变化而发生缓慢变化。

5～8 年级：太阳系中的地球

• 太阳系中大多数天体的运动都有一定规律并且可以被预测。它们的运动造成日、月、年、月相以及日食和月食等天文现象。

《科学素养基准》（美国科学发展协会，1993）的相关内容

幼儿园至 2 年级：宇宙

• 我们只能在白天看到太阳、在夜晚看到月亮，不过，有时在白天也能看到月

亮。太阳、月亮以及星星看上去都在天空中缓慢移动。

幼儿园至 2 年级:地球

• 地球跟所有行星和恒星一样,在形状上近似于球体。地球围绕地轴每自转 24 小时便形成了一个昼夜循环。由于地球自转,反倒让地球上的人感觉好像是太阳、月亮、恒星以及其他行星每天都在围绕地球转动。

6～8 年级:地球

• 由于地轴与地球围绕太阳公转的轨道之间存在一定的倾角,而地球每天又围绕地轴自转,因此,地球受到太阳直射的地方在一年内有所不同。

在幼儿园至 4 年级以及 5～8 年级中使用这个故事

本部分我把高低两个年级层次的教学建议合二为一,因为这些内容只需稍做修改即可适合不同年级的教学。如果你打算利用这个故事来探索太阳和月亮运动的本质,请参阅本书绪论部分关于两位教师如何使用类似故事在不同年级进行教学的案例分析。你可以看到这两位老师使用故事“橡子去了哪里?”进行了为期一年的研究,其结果与本故事有很多共通之处。我还想推荐你读一读《日常科学之谜》(科尼赛克-莫兰,2008)一书 45～50 页的内容,了解一下你可能会用到的关于天文学知识教学的其他建议。

即使你不需要深入研究天文学,我仍然建议了解一下学生对“太阳在一年中的视运动”懂得多少。如果他们不知道观察太阳在一天以及在一年之内发生变化的重要性,就不可能理解时间的真正意义。你可能想制作一个日晷,让孩子们坚持每天读取并记录晷针的投影以及太阳运动的情况。他们会发现阴影标记的太阳时间与钟表时间相吻合,并对此感到非常好奇:“它是怎么做到的?”当然,他们也会注意到,在实行夏时制期间日晷显示的时间与机械钟或数字钟上的时间相差一个小时。如果你在 3 月第一个星期天夏时制开始实行之前让学生做这个实验,他们就会发现两者差别非常明显。他们通过实验会发现,太阳并没有向前跃进,只不过是时钟上的时间被人为地改变了。你可以问问学生是否注意到,在从冬令时切换到夏令时的过程中,他们自己或宠物的生活有没有发生什么变化?如果他们家里有婴儿,婴儿的行为是否出现了什么变化？他们的课外活动发生了什么变化？

实际上，如果你根据当地纬度把日晷进行恰当设置，得到的时间就会相当精确。你应当参照历书给出的当地经度和纬度表对日晷参数进行适当修正。如果你觉得这些做法有点复杂，那就对了，它们虽然对低年级学生而言有一定难度，但是对高年级学生而言妙趣横生。世界上的数字时钟(例如那些联网电脑上的时钟)对时标准是铯原子钟，但是你使用的钟表对时标准可能是 24 小时制天体时间(例如挂钟或手表，需要偶尔纠正一下)。美国的原子钟被保存在位于科罗拉多州博尔德市的美国国家标准与技术研究院，当然世界上其他地方也有很多原子钟。如果你有大约 20 000 美元闲钱，也可以买一个。制造商声称，他们生产的原子钟每 2 000 万年误差仅为 1 秒。我在撰写本部分内容时注意到电脑上的时间是准确的，但是电子手表快了 6 秒钟。不过，我觉得这样已经足够精确，用不着去调整它。我们一般不在乎钟表是否分秒不差，但是对天文学家及其他科学家而言，时间是否绝对精确非常重要。美国读者最好访问官方网站 www.time.gov 获取准确的时间，其他国家读者可以访问世界时钟网站获取世界各地的时间。

围绕夏时制的利弊美国国内还存在很多争议，你可以借机让学生也来讨论这一问题。他们可以通过互联网或图书馆获得大量的信息。如果你把钟表上的时间改变以后生活会发生什么变化？你可以让学生就这个话题撰写一篇故事，由此把文化素养的培育与科学知识的传授结合起来。如果你的学生是技术能手，可以让他们根据自己收集的资料制作 PPT 文件。你也可以让他们在全校各个年级的学生中进行民意调查，制作成各种图表(这就需要用到数学及其他科学知识)供全校师生观摩学习。印第安纳州是一个非常有趣的地方，值得学生认真研究，因为这一个州内竟然存在各种各样的时区。“印第安纳州是什么时间?”是一个八年级学生正在研究的课题，相关内容可以从网上获得(www.mccsc.edu/time.html)。

如果你想让学生们使用用电、取暖或制冷账单作为实验数据，那么你也可以自己动手研究一下夏时制对节约能源具有什么影响。你所在地的能源供应商可以提供现成的数据。同样，你也可以获取关于预防犯罪和交通事故的统计资料，从而比较各地在这方面存在什么差异。你还可以通过采访了解公众对夏时制的看法。他们是否感觉到由于实行夏时制自己的睡眠时间减少了？奶牛有没有适应新调整过的钟表时间？农民是否像往常一样根据太阳时间给奶牛挤奶？这些问题都很有趣。有人甚至开玩笑说，由于实行夏时制白天平白无故多出了一个小时，从而导致全球变暖。更离奇的是，竟然还有人信以为真。总而言之，你可以让学生以这个故事为契机去收集大量数据，得出自己的结论。

波士顿 WGBH 电视台《教师领域》节目有一段为教师准备的精彩卡通视频"时钟是怎样工作的"。你可以通过登录下面的网站加入这个群体：www.teachersdomain.org/resource/vtl07.math.measure.time.lpclocks。该视频讲述的是，一群儿童为了拯救处于危险中的朋友，在没有钟表的情况下如何想出记录时间的方法。我强烈推荐这个视频。

相关书籍和美国科学教师协会期刊文章

Driver, R., A. Squires, P. Rushworth, and V. Wood-Robinson. 1994. *Making sense of secondary science: Research into children's ideas.* London and New York: Routledge Falmer.

Keeley, P. 2005. *Science curriculum topic study: Bridging the gap between standards and practice.* Thousand Oaks, CA: Corwin Press.

Keeley, P., F. Eberle, and C. Dorsey. 2008. *Uncovering student ideas in science: Another 25 formative assessment probes, vol. 3.* Arlington, VA: NSTA Press.

Keeley, P., F. Eberle, and L. Farrin. 2005. *Uncovering student ideas in science: 25 formative assessment probes, vol. 1.* Arlington, VA: NSTA Press.

Keeley, P., F. Eberle, and J. Tugel. 2007. *Uncovering student ideas in science: 25 more formative assessment probes, vol. 2.* Arlington, VA: NSTA Press.

Konicek-Moran, R. 2009. *More everyday science mysteries.* Arlington, VA: NSTA Press.

参考文献

American Association for the Advancement of Science (AAAS).1993. *Benchmarks for science literacy.* New York: Oxford University Press.

Konicek-Moran, R. 2008. *Everyday science mysteries.* Arlington, VA: NSTA Press.

National Research Council (NRC). 1996. *National science education standards.* Washington, DC: National Academies Press.

WGBH Educational Foundation Teachers Domain. How clocks work. *www.teachersdomain.org/resource/vtl07.math.measure.time.lpclocks.*

第九章
拜尔山一日游

与落基山、内华达山相比，甚至与相对较小的新罕布什尔州怀特山相比，拜尔山(Bare Mountain)只不过是一个小山丘。拜耳山海拔仅为 1 000 英尺。不过，晴天时，你站在山顶远眺，方圆 30 英里的美景尽收眼底。它之所以被称做“拜尔山”，而不是“熊山”,是因为山上光秃秃的。①

在一个秋高气爽的日子,玛丽(Mari)和克丽(Kerry)决定攀爬拜尔山,从山顶欣赏新英格兰地区漫山遍野的片片红叶。她们带了一些三明治准备到山顶再吃,给小狗“车票”系好链子,然后踏上旅途。

在山脚下,她们看到那片铺满细沙、被戏称为“沙滩”的沙地。玛丽的低帮鞋很快就灌满了沙子,她向克丽抱怨:“我很好奇这些沙子是从哪里来的?我不得不倒掉鞋里的沙子才能继续赶路,整条山路只有这一段是这样!”

“嗯,我知道,”克丽回答,“你应该想想这里以前是不是有湖泊或河流,才会产生这些沙子。”

她们沿着陡峭山路向上攀爬了几分钟,来到楼梯一样宽大的巨石台阶。

“这还差不多!”克丽一边说着,一边迈开大步踏着光滑、圆润的台阶向上走。“我敢打赌,这些大石头肯定是从山顶上掉下来的。”

“石头这么大,肯定不会掉到你的鞋里!”玛丽笑着说。

来到半山腰,她们遇到了这次爬山经常遇到的一种情况:登山主路向右边兜了一个大圈子后又继续向上延伸。而右上侧有一片碎石山坡看上去既松软又平坦,从那里抄近路过去后就接上了登山主路,她们估计步行需要10分钟。

“我们可以从那个山坡抄近路,能够节省大约5分钟时间,而且那里看起来不是很陡峭。让我们试试看?”克丽问。

“我不知道,”玛丽回答,“那里看上去有点滑,可能会有危险。”

“来吧,姐姐,”克丽催促道,“肯定很好玩!”

一点都不好玩!她们在碎石地面每向前迈出一步,至少要往回滑下去半步。她们的脚底老是打滑,似乎不听使唤,原本指望能够节省5分钟,结果却花了足足20分钟才跌跌撞撞地来到主路旁边的乔木以及灌木丛。她们不得不费力地抓住树枝才到达主路,此时已经累得气喘吁吁、汗流浃背。

“车票”正在山顶耐心地等待她们,它在攀爬的过程中没有遇到麻烦,不过,克丽说它是利用“四爪驱动”才爬上去的。

“我承认,玛丽,你是对的。这一段路可真难走,山底下的沙子都没有这些石子麻烦。我很好奇它们是从哪里来的。”

---

① 拜尔山英语原文为“bare”,本义为“光秃秃的”,与bear(熊)读音相同——译者注

“我想，如果山底的沙子是从山顶掉下去的，那么这些石子可能也是。但是，为什么石子会落在山坡这里，而且比山下的沙子大很多？”

“是的，下方山路也有很多石子，不过那里比较平坦，所以问题不大。”玛丽看了看说。

此后，她们决定不再离开主路，先是经过一段巨石丛生的路面，最后，距离山顶还有 100 米。最后这一段路虽然也散布着大量碎石，但是早已经被数以千计的登山者踩入土壤中，只露出一小部分。姐妹俩登上山顶，山顶是一块足有半个足球场大的巨石，她们站在那里远眺山谷的美景。石头缝隙中有很多水坑，“车票”急忙奔向这些天然饮水器，玛丽和克丽则拿出自带的瓶装水解渴。

姐妹俩一边俯瞰山谷，一边思考山下那些形状各异、大小不同的岩石。为什么沙子只存在于山底？那些滑溜溜的碎石来自哪里？那些巨大的石头又是来自哪里？为什么这座山四周都是悬崖峭壁？难道这座山很古老，后来分崩离析？为什么山顶这块巨石虽然存在很多裂缝，却依然是一个整体？最大的问题是，站在山顶极目望去周围全部都是平地，那么这座山是从哪里来的呢？

目的

这篇故事涉及两个方面：山脉地质学；风化和侵蚀过程如何能够把高山夷为平地。它还会激发学生探索山脉起源的兴趣。

相关概念

- 风化
- 侵蚀
- 造山运动
- 岩石循环

不要惊讶

学生可能会认为所有山脉都是火山，由火山喷发形成。有些学生认为山脉是由土壤构成的，只不过比周围的平地高一些罢了。而有些学生(可能受宗教信仰影响)认为地球只有几千年历史，自始至终没有什么变化。“地貌特征变化需要数百万年时间才能完成”，大多数低年级学生对此感到不可思议，甚至很多成人也感到难以理解。

内容背景

地质学是研究地球结构的学问，这门学问对学生而言非常重要，因为它研究我们周围的世界，与我们的日常生活息息相关。地质学涉及生物学、物理学和化学等诸多学科。地质学的基本理念是：地质变化过程需要很长时间才能完成。科学家们认为地球的年龄大约为 45 亿年，这一推测是建立在放射性衰变等科技分析手段之上的。有些人认为“地球很年轻”，地球的历史不超过 6 000 年，他们的理论基础是宗教信仰和某些不可靠的科学学说。这里，我并不想挑起神创论与进化论之争，而是向读者提供一些有科学证据支撑的地质学原理和假说。

拜尔山位于马萨诸塞州西部，每天都有数十人攀登。拜尔山的形成时间大约为超级大陆“泛大陆”(下文还会提及)分崩离析后，构造板块漂移到现在的位置。

最初，拜尔山由火山岩(熔岩)构成。后来，地球内部力量改变了拜尔山的形状，这是断层山的一个典型例子。地球内部力量推动地壳向上或向下运动，造成地表出现断裂结构，断层山刚刚形成的时候往往多悬崖峭壁。这些悬崖峭壁以及高耸的山峰随着时间(这里所说的时间以百万年为单位)流逝而被风化与侵蚀过程逐渐磨平。

风化与侵蚀的区别非常明显。风化是由于生物、物理、化学以及人类活动造成岩石和矿物崩解。崩解后的碎片在风或水的作用下被搬运到别处，我们称之为“侵蚀”。显然，首先发挥作用的是风化过程，其次是侵蚀过程。科罗拉多大峡谷是一个典型例子，在这里，岩石被风化后又遭奔腾的科罗拉多河水侵蚀，河水切削出深达 1 英里、长达 300 英里的大峡谷。这种情形在各条江河、溪流随处可见，只不过规模小得多。例如，有一条小溪流经我们家后院，由于小溪一侧的土壤和岩石遭到严重侵蚀，而另一侧沉积物越积越多，迫使它的路径从西向东移动了至少 15 英尺。为什么会发生这样的事情，小溪在我们家后院最终定型之前还会改道到哪里？这又是一个日常科学之谜。

玛丽和克丽从山脚到山顶一路看到的都是风化和侵蚀作用的结果。她们首先遇到的是山脚下“海滩”的沙子灌满了玛丽的鞋子。山上含硅(或石英)的岩石被风化成细小的沙粒，然后受到侵蚀。由于沙子颗粒非常小，很容易被雨水形成的小溪或河流挟裹到山脚下。

姐妹俩向上攀爬，遇到了从山脉基岩风化后松动的巨石，这些巨石脱落后遭到侵蚀，由于重力作用滚落到山坡较低的位置，在那里变成登山者的垫脚石。

再向上爬，两人因为遇到岩屑坡而耽误了行程。岩屑坡坡度虽然不超过 40 度，但是碎石不停地沿斜坡向下滑落。顶部岩石经过风吹雨打碎裂成小块，不断向斜坡滑落。后来落下的岩石把以前落下的岩石覆盖，仍然继续下滑，因此登山者踩上去感到非常滑。玛丽和克丽对此深有体会，我想再加上一句，我、妻子以及我们家的狗多年前在爬这段斜坡时也领教过它的厉害。走在斜坡上就如同走在大理石上一样滑，这里几乎没有摩擦力，脚底老是打滑，根本不听使唤。

最后，两个孩子到达山顶，这里跟山下一样到处都是风化造成的结果，岩石裂缝和“小狗的水碗”随处可见。凹陷处汇集的雨水在冬天结冰膨胀，久而久之，迫使大山崩裂成大块岩石，而这些岩石继续崩解成碎片。如果地球不发生另一次巨变，那么，总有一天，拜尔山将会变得跟山脚下的谷地一样平坦，当然，我们在有生之年肯定看不到这一变化。

20世纪初,德国地质学家艾尔弗雷德·魏格纳(Alfred Wegener)提出了大陆漂移说,该假说试图解释一块超级大陆(泛大陆)分裂为几块大陆后经过很长时间漂移到它们目前的位置。当时,他的假说由于缺乏足够的证据,并没有得到科学家们承认。直到20世纪50年代,在充分的科学证据面前,科学家们在一定程度上认可了他的假说,后来又经过广泛争论与调查,科学家们终于接受了这一解释板块移动的假说。

科学家们确认,地壳实际上是由一组漂浮在地幔上的7～12个巨大板块构成的,这些板块每年以50～100毫米的缓慢速度不断移动。这些板块相互碰撞或挤压,产生的力量足以引发地震或其他巨大地质变化。正是由于板块运动产生断层,才形成了拜尔山。

有些山脉的成因与拜尔山不同。例如,华盛顿州的圣海伦山和雷尼尔山是由火山灰堆积而成的,这两座火山依然十分活跃。我们从山顶的火山锥能够很容易辨别其成因。1980年5月18日,圣海伦山喷发出的岩石和碎片多达0.7立方英里。圣海伦山以及其他160座活火山都位于美国西部环太平洋火山带。

而有些山脉的成因是,地球内部水平压力推动不同板块相互挤压,一个板块可能被推挤至另一个板块下方,形成褶皱山脉。我们在一些公路沿线经常能够看到一些向上或向下的岩层,它们就是褶皱山脉残留的痕迹。亚洲的喜马拉雅山是褶皱山的典型例子。科学家们认为,南美洲的安第斯山脉是由一个板块被推入南美洲板块下方而形成的,因而火山活动频繁。因此,科学家们更倾向于把安第斯山脉归为以火山为主的山脉。这两条山脉恰恰也是世界上最年轻、最高的山脉。

还有些山脉属于隆起山脉,地球内部力量直接推动地表岩层向上运动,隆起的山体几乎没有发生变形。这类山脉的例子有南达科他州的黑山和纽约州的阿迪朗达克山。登上这些山脉,你可能会在山顶发现一些意想不到的化石,例如,有些山脉在形成以前可能是海底或草原。

山脉的产生与消亡还会产生一种“残丘”现象。蚀余的山丘矗立在原野上,像一名孤独的哨兵守卫在那里。残丘由火山岩构成,山体周围质地较软的岩石或土壤因风化和侵蚀而消失,只剩下质地较硬的火山岩留在低洼的谷地。这类残丘的例子有美国新罕布什尔州南部的莫纳德诺克山、佐治亚州的石山以及巴西里约热内卢的面包山等。

无论一座山是如何形成的，登山者只要去攀登，都会发现玛丽和克丽在拜尔山观察到的地质现象。这是因为所有山脉都会随着时间流逝而被风化与侵蚀。即使是最高、最崎岖的山峰有一天也会被磨平，也会出现巨石、岩屑坡和沙子。山脉的产生与消亡循环在地球上循环往复。

所有这些关于山脉形成与消亡的理论都是基于科学家经过数百年收集的证据。山脉循环过程极其缓慢，没有哪一个人或哪一组科学家能够观察到这个完整的过程。板块构造理论的遭遇非常形象地说明了科学是如何发展的。有人为了解释某种现象而提出自己的理论，但是在没有找到足够的科学证据支撑之前，通常不会得到科学界承认。因此，为了解释这种现象，科学家们需要不断搜集证据，从而推动科学向前发展。有些理论因为新的证据被发现而需要修正，直至科学界感到满意为止。理论的功能就是解释事实和观察到的结果。例如，生物不断发生变化并且变化会持续下去，这一现象是显而易见的。正是查尔斯·达尔文提出了自然选择理论，成功解释了这一现象的来龙去脉。

《国家科学教育标准》(国家研究委员会，1996)的相关内容

幼儿园至 4 年级：地球和天空中的变化

• 地球的表面始终处于变化之中。有些变化是由于风化和侵蚀之类的缓慢过程造成的。

5～8 年级：地球系统的结构

• 地形是建设性力量与破坏性力量共同作用的结果。建设性力量包括晶体变形、火山喷发以及沉积物沉积等，破坏性力量包括风化和侵蚀等。

• 陆地、海洋、大气和生物之间相互作用，形成了地球系统不断进化的过程。我们在一生中可以观察到地震或火山喷发等现象，但是，造山运动或板块移动等地质过程需要经过数百万年才能完成。

《科学素养基准》(美国科学发展协会,1993)的相关内容

幼儿园至 2 年级:地球的形成过程

• 岩石的大小和形状各异,砾石尺寸较大,沙子颗粒较小。

3～5 年级:地球的形成过程

• 波浪、风、水和冰对一些地方的岩石和土壤进行侵蚀,然后把它们在其他地方沉积起来,有时候可能会因季节不同而分为很多层,由此塑造或重新塑造地球表面的形状。

• 岩石由不同的矿物质构成。小块岩石是因为基岩或大块岩石破裂与风化而形成的。土壤一部分是由风化岩石构成的,另一部分是由动植物遗骸构成的,土壤中还含有很多生物。

5～8 年级:地球的形成过程

• 地球表面有些变化过程非常短暂(例如地震或火山喷发),而有些却非常缓慢(例如山脉隆起或沉降)。地球表面的变化部分是由水和风长时间运动造成的,这一运动能够把山脉夷为平地。

在幼儿园至 4 年级中使用这个故事

显然,讲完这则故事之后,你最好带学生到拜尔山之类的山脉做一次实地考察。也许你会说,你在佛罗里达州南部教书,那里最高的地方是垃圾填埋场,或者,你在特拉华州教书,那里最高的山只有大约 100 米(328 英尺)。哪怕你那里只有一条小溪,你也可以向学生介绍关于风化和侵蚀的基本概念。如果这也不行,你还可以利用沙桌或水桌向学生展示这些概念。

你可以利用下面一个问题作为切入点:“你认为玛丽和克丽在登山途中看到的那些岩石和沙子是如何形成的?”学生很可能会做出如下回答:

• 因为沙子颗粒最小,所以被水冲到最远的地方。

- 冰能够把岩石撑破。
- 一层层碎石摞在一起会很滑。
- 人们用脚能把岩石踏碎。
- 山顶的岩石最坚硬。
- 一块岩石落到另一块岩石上的时候，能把下面那一块撞碎。
- 大块岩石落下的时候，能把下面的小块岩石撞碎。
- 一些岩石是由沙构成的。
- 水不能把岩石冲到很远的地方。

你可以把这些陈述句改成疑问句，例如：

- 水搬运沙子的距离是否比搬运岩石的距离更远？
- 水能把岩石搬运到多远的地方？
- 岩石被水搬运的距离远近是否取决于岩石自身的大小？
- 一些岩石是由沙子构成的吗？
- 大块岩石能撞碎小块岩石吗？
- 冰能把岩石撑破吗？

你可以带领学生来到小溪旁，观察水流湍急的地方岩石与沙子的分布状况，这种实地考察能够帮助他们解决上述一些问题。学生们将会发现，沙子比岩石的位置更靠近下游，而且沙子与岩石都是根据水流缓急而分别聚集到不同区域的。除此之外，在教室里，你也可以把沙子和石子混合起来放在倾斜的水桌、沙桌或煎锅上，然后倒入一些水，让水从混合物中间流过，让学生观察沙子和石子被水冲刷到不同位置的情形。

如果你能找到有裂缝的岩石，可以把水注入裂缝中，然后观察水结冰后膨胀会对岩石产生什么结果。当然，裂缝越深效果越明显。用手把一小块沙岩捏碎，会产生大量沙子。

关于“百万年”时间尺度的问题，最好等到学生长大一些再向他们介绍，因为他们无法理解这个地质概念到底意味着多长时间，同样，普通民众对国债数量到底有多大也难以想象。让孩子们明白某些看上去坚不可摧的东西最终能够被风化和侵蚀过程彻底摧毁,这一点就足够了。你也可以带领年龄稍大一些的学生拜谒当地的墓地。请阅读下面"在 5～8 年级中使用这个故事"一节的建议,或者根据学生的实际情况适当修改。

我曾经在一个班级听课,看到老师介绍时间的方法非常独特。老师拿来一张很长的纸,让学生把每天感兴趣的事情写在上面。她从开学第一天就要求学生这样做,直至一学年结束。学生惊讶地发现,一年中竟然发生了那么多事情,而要把这些事情都记录下来竟然需要那么长的纸。180 天[①]在我们看来并不算太长,但是通过生动形象的实物展示,学生肯定会对"时光流逝"有了全新的认识。

在 5～8 年级中使用这个故事

我们的老师选择从《发现学生的科学想法》第一册(基利、埃伯利和法林,2005)的探究案例"山脉年龄"或第二册(基利、埃伯利和塔古尔,2007)的"山顶化石"作为开场白。第一个案例要求学生把他们认为有哪些因素影响山脉形成与演化的想法说出来,并把具体思维过程写出来。你可以借此机会了解学生对风化和侵蚀的认识水平,非常自然地过渡到这个话题的讨论。

学生在学习造山运动时遇到的另一个障碍是如何掌握"地质时间"这个概念。学生根本不清楚"数十亿年"究竟是多久,他们无法理解地质变化所需要的漫长时间究竟有多长。有些老师通过下述方法成功解决了这一问题:老师在教室里使用打印纸带制作一个时间长度为一年的时间表,因此,学生能够形象地看到一学年究竟有多长,看到一年间有多少事情发生。这一做法能够帮助学生看到时间的线性特征,明白一段时间(例如 100 万年)大概有多长。

第二个探究案例"山顶化石"要求学生解释贝壳化石是怎么跑到山顶上去的。我们发现,有些学生认为化石就是贝壳的代名词,根本不知道为什么高山顶上竟然会藏有贝壳。还有,由于风化和侵蚀过程时间极其漫长,学生无法直观感受到风化和侵蚀过程。然而,我们也有办法模拟这些变化,让这个年龄段的学生能够用肉眼直接观察。我想向你推荐德比·莫利纳-沃尔特斯(Debi Molina-Walters)和吉尔·考克斯(Jill Cox)(2009)在《科学视野》(Science Scope)杂志发表的文章《破解

① 美国中小学一学年除了放假时间之外实际上课时间约为 180 天——译者注

岩石循环之谜》。该文把岩石循环与风化和侵蚀过程巧妙联系起来，你可以在网站www.nsta.org 找到原文。在这篇文章中，两位作者描述了如何借助巧克力豆、热量和压力等手段模拟岩石的形成过程。如果你想要了解岩石循环，这是一篇必读文章。

带领学生拜谒墓地是一种行之有效的野外考察方式，如果那里有比较古老的墓碑，学生能够很容易观察到风化现象。我们从墓碑上的日期能够明显分辨出来：古老的墓碑多为抗风化能力较差的石灰岩或沙岩，而时新的墓碑多为抗风化能力较强的花岗岩或大理石。（比较明智的做法是，你应当事先了解一下学生中间最近有没有亲人过世，如果有的话，应当跟学生的家长就拜谒事宜进行充分沟通）你还应当事先征得墓地管理部门的同意，并告诫学生在拜谒时应当做到庄严肃穆。

请你认真阅读本章关于低年级和高年级两个部分的教学建议，并根据学生的能力和需求做出适当调整。如果你打算带领学生考察墓地的风化情况，我建议你阅读两篇内容丰富实用的文章，它们在美国国家科学教师协会网站很容易找到。第一篇是琳达·伊斯利(Linda Easley，2005)在《科学视野》杂志发表的文章《把墓地用做科学实验室》。本文提供了非常实用的建议，不仅探讨了墓地在过去数十年发生的风化现象，而且探讨了如何把这一话题与数学、社会研究、语言艺术和考古学等结合起来。另一篇文章《化学风化：岩石去了哪里？》刊载于《科学视野》杂志的“科学取样”版块，由罗宾·哈里斯(Robin Harris)、卡罗琳·华莱士(Carolyn Wallace)和约瑟夫·扎维奇(Joseph Zawicki)(2008)集体创作。该文可以帮助你设计一个关于风化作用的探究教学单元，由此展示你所在社区各种化学物质对环境造成了哪些影响。

如果墓地距离学校不是很远，你和学生可以步行前往，即使乘车也花不了多少钱。你最好首先前去打探一番，看看墓地是否很古老(从 1850 年前后至今)，过去50 年间有没有被使用，这样，碑石的软硬程度才能看出明显差异。正如伊斯利在文章中描述的那样，你还可以在墓地找到很多关于当地社会历史变革的蛛丝马迹，例如流行病、儿童疾病以及战争等。如果你喜欢把这些内容编入课程大纲，那么墓地就是最佳的起始地点。

你也可以在学校制作一个水桌，用以模拟水从各种材料流过时的情景。在实验过程中如果改变某些变量，将会出现什么结果？学生可以就此提出假设，而且能够即时加以验证。

如果你连水桌也没有,那么我再推荐一个简单做法:你可以把各种各样的岩石和沙子样本投入一个盛水的容器中,把溶液摇匀后静置一夜,让学生们猜一猜结果会怎样。第二天学生将会看到,各种物质将会按照颗粒大小分层沉积,颗粒较小的物质将会沉积在容器底部,而颗粒较大的将会在顶部。这一现象表明,细小的沙子将会被水流冲出很远,最终来到了山脚下,大块的岩石不会被水流冲出多远,因此靠近山顶。你还可以让学生们使用橡皮泥模拟褶皱山脉的形成过程,具体方法参见 www.coaleducation.org/lessons/middle/mountain_building.htm

相关书籍和美国科学教师协会期刊文章

Driver, R., A. Squires, P. Rushworth, and V. Wood-Robinson. 1994. *Making sense of secondary science: Research into children's ideas.* London and New York: Routledge Falmer.

Keeley, P. 2005. *Science curriculum topic study: Bridging the gap between standards and practice.* Thousand Oaks, CA: Corwin Press.

Keeley, P., F. Eberle, and C. Dorsey. 2008. *Uncovering student ideas in science: Another 25 formative assessment probes, vol. 3.* Arlington, VA: NSTA Press.

Keeley, P., F. Eberle, and L. Farrin. 2005. *Uncovering student ideas in science: 25 formative assessment probes, vol. 1.* Arlington, VA: NSTA Press.

Konicek-Moran, R. 2008. *Everyday science mysteries.* Arlington, VA: NSTA Press.

Konicek-Moran, R. 2009. *More everyday science mysteries.* Arlington, VA: NSTA Press.

Monnes, C. 2004. The strongest mountain. *Science and Children* 42 (2): 33–37.

参考文献

American Association for the Advancement of Science (AAAS).1993. *Benchmarks for science literacy.* New York: Oxford University Press.

Easley, L. 2005. Cemeteries as science labs. *Science Scope* 29 (3): 28-31.

Harris, R., C. Wallace, and J. Zawicki. 2008. Chemical weathering: Where did the rocks go? *Science Scope* 32 (2): 51–53.

Keeley, P., F. Eberle, and L. Farrin. 2005. *Uncovering student ideas in science: 25 formative assessment probes, vol. 1.* Arlington, VA: NSTA Press.

Keeley, P., F. Eberle, and J. Tugel. 2007. *Uncovering student ideas in science: 25 more formative assessment probes, vol. 2.* Arlington, VA: NSTA Press.

Molina-Walters, D., and J. Cox. 2009. Chipping away at the rock cycle. *Science Scope* 32 (6): 66–68.

National Research Council (NRC). 1996. *National science education standards.* Washington, DC: National Academies Press.

生物学

核心内容	泡泡糖带来的麻烦	啪，啪	心跳感觉	搭便车	万圣节科学
生命周期		×		×	×
生物的分类		×		×	×
动物行为				×	
适应		×		×	×
生态学				×	×
生物的多样性		×		×	×
结构和功能		×	×	×	×
生物的功能		×	×	×	×
卫生	×		×		
实验设计	×	×	×	×	×
生物的相互依存				×	×
生物的需求		×		×	×
物质转化		×	×		
营养	×				×
研究方法	×	×	×	×	×
生命的延续		×	×	×	×
植物		×		×	×
循环		×	×	×	×
变异		×		×	×

第十章
泡泡糖带来的麻烦

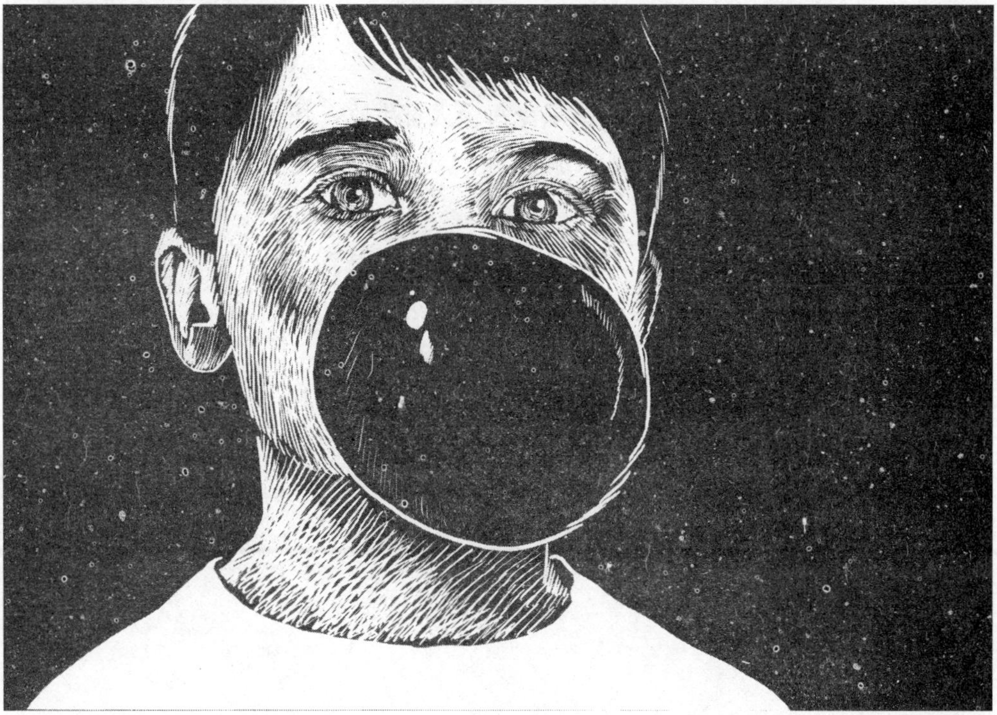

珊迪(Shanti)爱嚼泡泡糖。他知道很多场合都不允许,但自己还是很喜欢。他妈妈叮嘱他嚼无糖的那种,牙医也这么说,但他偶尔却没那么听话,实际上,已经不止是偶尔了。说到泡泡糖,珊迪酷爱有糖的那种,不仅喜欢它的味道,而且享受吹泡泡的乐趣,喜欢把泡泡吹爆得满脸都是。

偶尔嚼一嚼也不要紧吧?“泡泡糖能有什么坏处?”珊迪想。

有些孩子会把三四片泡泡糖放在一起咀嚼。他想不通他们是怎么做到的。他要是嚼那么多,感觉就像一口吞下整个汉堡包,简直能把嘴巴撑破。如果泡泡糖的味道嚼没了,泡泡也吹烦了,他就吐掉。泡泡糖被咀嚼过以后似乎比原来大多了。

“泡泡糖被咀嚼过以后肯定更重了。一定有唾液或者其他东西跑进去了。”珊迪想。

“你们嚼泡泡糖的时候,它的重量会增加吗?”珊迪问他的几个朋友,他们一个个嘴鼓得像花栗鼠。

“当然啰!”一个人说,嘴里塞得满满的,几乎听不清他在说什么。他嘴里有三片泡泡糖。

“不会。”另一个人说道,很明显他只嚼了一块。

“不变。”其他人说,一边仔细查看他们咀嚼过的泡泡糖。

“有一个办法可以知道。”珊迪说。

他们照着珊迪的办法做了。结果令每个人都大吃一惊。

“哇,谁能想到会是这样呢?”珊迪说,“我想知道,是否所有的泡泡糖都是如此。”

目的

泡泡糖(同理,还有口香糖)已经成为让老师和家长都很头痛的东西,更别提牙医了,尽管牙医都认为,在饭后咀嚼不粘牙的无糖口香糖有助于预防蛀牙。但我们这里是对泡泡糖进行研究,跟他们关注的焦点不是一回事。我们的目的是:查明泡泡糖被咀嚼以后,其重量是否发生变化,这涉及食物吸收和营养的概念;帮助学生认识泡泡糖的坏处,注意口腔卫生。这个故事还有一个目的,即设计一个好的研究方案来调查泡泡糖被咀嚼以后的重量是增加、减少还是保持不变。

我要感谢 AIMS 教育基金会的人员,因为是他们给了我编写这个故事的灵感,多年来,我在与众多孩子们一起开展这项活动中得到了无穷的乐趣(AIMS 2006)。

相关概念

- 糖
- 蛀牙和细菌
- 口腔卫生
- 实验设计和科学研究

不要惊讶

大多数学生根本不知道泡泡糖里含有多少糖,也不知道自己嚼泡泡糖实际上等于在摄入大量糖分。他们一般认为泡泡糖由于混入了唾液重量会增加。此外,他们可能不知道糖会给口腔内的细菌提供“燃料”,大大增加他们患蛀牙的几率!他们还很难设计出一个公平实验方案来解决谜题,这可能需要你的帮助。

内容背景

放在床头的口香糖一夜之后是否风味依旧?
你是否不顾妈妈劝阻依然要嚼个够?

以上两句歌词摘自 1958 年的一首流行歌曲,这表明这种令人愉悦有时却又令人烦恼的习惯已经存在很长时间了。新石器时代的祖先就曾咀嚼松树的树脂,近代的拓荒者咀嚼的也是这个。也就是说,直到19世纪后期,美国从墨西哥进口糖胶树胶(一种来自热带常青树的天然树胶)作为橡胶替代品,因为其质地较软,而且能更持久地保留味道,口香糖才宣告诞生。

是什么味道让泡泡糖令人如此上瘾?当然是糖。糖有各种各样:玉米糖浆、蔗糖、大米糖以及糖类调味剂等。大多数无糖泡泡糖是用代糖(糖精、阿斯巴甜或山梨醇等)来调味的。北美的孩子每年花在泡泡糖上的钱高达5亿美元!一个有趣的事实:泡泡糖被嚼得没有糖以后,吹出来的泡泡最大。那么,糖去了哪儿?我想,你自己就能找出答案。

然而,这个答案太笼统。学生通过实验将会发现,泡泡糖被咀嚼10分钟以后,失去的60%～75%重量(无糖泡泡糖损失得较少)都进入了人的体内。我敢保证,这肯定会让他们大吃一惊!

《国家科学教育标准》(国家研究委员会,1996)的相关内容

幼儿园至4年级:从事科学研究需要具备的能力

- 就环境中的物体、生物或事件提出一个问题。
- 制订简单的调查计划并付诸实施。
- 利用简单的设备和工具收集数据并拓展感官能力。
- 根据数据做出合理解释。
- 把自己的调查结果和科学解释拿出来与他人分享。

5～8年级:从事科学研究需要具备的能力

- 通过科学调查确定研究课题。
- 制订科学调查计划并付诸实施。
- 利用适当的工具和技巧对数据进行收集、分析并解释。
- 运用批判思维和逻辑思维建立证据和解释之间的关系。

幼儿园至4年级:个人卫生

- 每个人都应当对自己的健康负责。学生应当注重个人卫生,例如勤刷牙、勤

换衣物以及锻炼身体等，从而保持健康的体魄。学生应当了解感冒等疾病是如何传播的，了解身体内某些能够预防和战胜疾病的防御机制，等等。

• 营养是人体保持健康必不可少的。学生应当了解身体是如何利用食物，以及各种食物是如何促进身体健康的。健康饮食的原则是食物多样化、少吃糖、少吃脂肪。

• 有些物质可能会对身体及其功能造成伤害。

6～8 年级：个人卫生

• 食物为人的生长、发育提供能量和营养。营养需求随体重、年龄、性别、活动量以及身体机能等的变化而变化。

《科学素养基准》（美国科学发展协会，1993）的相关内容

幼儿园至 2 年级：科学研究

• 人们往往单凭仔细观察周围的事物就能够学到一些东西，不过，有时候，人们在对那些事物做些什么之后再进行观察，能够学到更多东西。

• “能够尽量准确地描述事物”在科学研究中非常重要，因为它能够让你把自己观察到的结果与他人观察到的结果进行比较。

• 当人们对同一个事物的描述大相径庭的时候，比较好的做法是，重新进行观察，而不是进行无谓的争论。

3～5 年级：科学研究

• 科学研究的结果很少会一模一样，但如果差异过大的话，就有必要弄明白其中的原因。在研究过程中必须严格按照指令去做并认真做好记录，这样做的好处之一就在于，一旦结果出现差异，便于查找哪一个环节出了问题。

6～8 年级：科学研究

• 如果在实验中同时发生变化的变量不止一个，那么我们很难弄清楚影响实验结果的是哪一个变量。虽然我们并非一定能杜绝外部变量对实验产生干扰，但是，只要研究人员在实验过程中齐心合力，通常能够解决这类问题。

幼儿园至 2 年级:身体健康

• 多吃不同种类的健康食品、充分锻炼身体、适当休息,这些做法都有助于人们保持健康。

• 人们从环境中摄入的某些东西有可能对身体造成伤害。

3~5 年级:身体健康

• 人类从食物中获得身体修复和生长所需的能量及物质。食物中微量的维生素和矿物质对维持人体正常运转至关重要。人在成长期间,身体所需要的食物和运动的数量及种类都可能发生变化。

6~8 年级:身体健康

• 一个人需要的食物能量(卡路里)随体重、年龄、性别、活动量和身体机能等的变化而变化。

• 有毒物质、饮食习惯和个人行为可能对人体健康有害。有些影响会立竿见影,而有些影响可能很多年后才会显现。避免有毒物质(如烟草)、改变饮食习惯以减少动物脂肪等物质的摄入量,都可以使人延年益寿。

在幼儿园至 4 年级中使用这个故事

儿童都很喜欢这个活动。他们不仅可以在学校里嚼泡泡糖,而且竟然还是老师让他们这么做的!根本不用找什么借口!其实,你用不着费心引导,学生很快就会意识到只有一个办法才能解决故事中提出的问题。然而,你需要帮助他们决定选择一种还是几种泡泡糖。你还需要向家长征求意见,问一问他们的孩子是否会因健康或其他原因而无法参加该项活动。你应当告知家长,你使用的是无糖泡泡糖,因此,如果仅仅是糖的问题,可以放心让孩子参加。

你可以把这项活动与数学和绘图(尤其是柱状图)结合起来。我让每个孩子做出自己的预测,三选一:重量减少,重量增加,还是重量不变。每个孩子都有一小块可以贴在图表上的方纸片。你可以在一张较大的图纸上画一幅图,在图的底部横线(x 轴)标出三个选择,在左侧竖线(y 轴)标出数字,让学生把自己的方纸片贴在这三个选择上方。每个孩子站起来做预测并解释，然后把自己的方格纸贴上去，如此形成一个柱状统计图。这样也保证了每个孩子都能参与到预测和实验活动中。

二年级以上的学生可以先设计实验方案。(幼儿园至1年级的孩子还太小，不知道如何设计方案，但是，或许可以在你指导下完成。他们只要知道怎么数数就行)如果你让学生分组设计，然后让他们把设计方案提交给全班讨论，这样你就有充分时间帮助他们如何控制变量，如何把设计方案修改完善。团队合作还有个好处，因为一整包(一包通常五片装)的泡泡糖更便于测量，一包泡泡糖的重量变化比单片泡泡糖要显著得多，测量误差也较小。务必让每个小组保留包装纸，以便你查看泡泡糖的成分。

我建议你使用天平和质量为1克的砝码。这也是使用一包五片装泡泡糖而不是一片泡泡糖的一个原因，因为课堂使用的简易天平精确度较差。如果你们使用那种像魔方一样可以扣在一起的塑料立方砝码，那么在测量泡泡糖重量之后把砝码都扣接在一起，这些砝码就会变成一个三维立体实物图，可以跟你在黑板上画的柱状图互为补充。这对低年级学生而言尤为重要，因为他们可以把这个三维实物与黑板上的平面图进行比较，从而完成从具体到抽象的思维过程。

出于卫生原因，孩子们通常会把泡泡糖放在包装纸里一起称重，然后把称出的数据记录在自己的科学笔记本上以及班级总表上。如果你们使用不同品牌的泡泡糖，每种品牌都应该单独记录数据。让每个小组派一名学生把方格纸(每张方格纸代表1克重量)贴在班级总表上。

学生也许会问，把泡泡糖和包装纸一起称重会不会影响实验结果。这个问题问得好，因为对低年级学生而言，这样的讨论越多，他们就越能更好地理解皮重测定的概念，所谓“皮重”主要是指商品外包装材料的重量。学生们也许很快意识到，只要前后都使用同一包装纸，实验结果就不受影响。他们也许有过这样的经历，在市场上看到售货员称东西时，想知道放在物品下面的纸或盘子占多少重量。(注意:要么皮重可以忽略不计，要么售货员在设置电子秤时已经扣除了皮重)

孩子们通常会想到，每个人咀嚼泡泡糖的时间都应该相同。这段时间可长可短，你可以设定为10分钟。你需要强调，他们必须同时开始，因为根据我的经验，很多学生在完成测重之后就迫不及待地开始嚼了。你可以让他们一边咀嚼泡泡糖一边做点别的事，以便打发时间。时间一到，每个学生都应当把自己的泡泡糖放入之前称重时的包装纸里，五片一起称，并记录数据。

当学生把数据和图表结果加以比较时,就会吃惊地发现泡泡糖的重量竟然减少了那么多。如果你们使用的是塑料立方砝码,那么他们比较的虽然不是数字,但差别同样非常明显。对于三四年级的学生,你可以让他们适当运用数学知识来分析实验结果。

接下来,学生可能会问:“重量去哪儿了?”你可以问问他们,泡泡糖的味道是不是没了或者变淡了。让学生看一看泡泡糖标签上的成分表,他们就知道里面含有哪些东西。你可以借此机会给学生讲一讲玉米糖浆或其他糖类对人体有哪些危害。我记得活动结束之后很多学生对我说:“现在我知道为什么不能多嚼泡泡糖了。”你会注意到,尽管学生不可能保证今后一片泡泡糖都不嚼,但是至少他们知道了糖的危害。

在5~8年级中使用这个故事

这几个年级的教学与上一节提到的内容差不多,不过,高年级学生也许能比较熟练地使用普通天平、三梁天平或电子秤,他们也可以毫不费力地设计出研究方案。然而,面对实验结果,他们会跟低年级学生一样感到震惊。我曾在大学四年级学生中开展这项活动,结果,大学生的兴奋劲儿一点也不亚于中小学生。请阅读上一节针对低年级学生的教学建议,思考一下你该如何恰当地设计学生的实验活动。

对5~8年级学生而言,计算泡泡糖质量损失的百分比不成问题,你也可以借此机会让他们练习数学。一名女生曾经对我说,数学就是“一页又一页别人提出的问题”。而在我们这类活动中,问题都是由学生自己提出的,而且由他们自己通过计算找到答案,这样学习起来才有意义。如果你想了解更多关于科学与数学相结合的实验活动,我推荐AIMS教育基金会出版的书籍,详见网站www.aimsedu.org.你既可以找到开展科学活动所需的数学知识,也可以找到开展数学活动所需的科学知识。

学生可能还会问一些其他问题,例如,如果把泡泡糖咀嚼20分钟而非10分钟,对结果有什么影响?这些问题又会引发更多的实验研究。你也可以借此机会教学生如何查看食品标签。标签上的配料表一般按含量顺序排列,含量最多的排第一,越往后含量越少。查看麦片以及其他常见食品包装的标签,对学生很有教育意义。你可以组织学生去超市食品货架实地考察,尤其是让他们重点关注放麦片的货架。作为市场营销的策略，包装诱人、含糖量高的麦片在货架上摆放的位置都与儿童视线(孩子视线)齐平，他们看到后就会说："妈妈，可以给我买这个吗?"而高纤维、有益健康的麦片在货架上摆放的位置很高，儿童一般不可能看见。

相关书籍和美国科学教师协会期刊文章

Driver, R., A. Squires, P. Rushworth, and V. Wood-Robinson. 1994. *Making sense of secondary science: Research into children's ideas.* London and New York: Routledge Falmer.

Keeley, P. 2005. *Science curriculum topic study: Bridging the gap between standards and practice.* Thousand Oaks, CA: Corwin Press.

Keeley, P., F. Eberle, and C. Dorsey. 2008. *Uncovering student ideas in science: Another 25 formative assessment probes, vol. 3.* Arlington, VA: NSTA Press.

Keeley, P., F. Eberle, and L. Farrin. 2005. *Uncovering student ideas in science: 25 formative assessment probes, vol. 1.* Arlington, VA: NSTA Press.

Keeley, P., F. Eberle, and J. Tugel. 2007. *Uncovering student ideas in science: 25 more formative assessment probes, vol. 2.* Arlington, VA: NSTA Press.

Konicek-Moran, R. 2008. *Everyday science mysteries.* Arlington, VA: NSTA Press.

Konicek-Moran, R. 2009. *More everyday science mysteries.* Arlington, VA: NSTA Press.

参考文献

AIMS Education Foundation. 2006. By golly, by gum. *Jaw Breakers and Heart Thumpers.* Fresno, CA: AIMS.

American Association for the Advancement of Science (AAAS).1993. *Benchmarks for science literacy.* New York: Oxford University Press.

National Research Council (NRC). 1996. *National science education standards.* Washington, DC: National Academies Press.

第十一章
啪，啪

啪……啪。

“什么声音？”萨姆（Sam）想，他正坐在餐厅里做数学作业。爸爸正在准备晚饭。妈妈开会还没回来。

啪。

又来了。是小鸟？还是有人在拿石子砸窗户？

萨姆偷偷地溜到窗前，悄悄地向窗外张望——外面没有人。

爸爸在厨房里。他听到了吗？不，他一边听公共广播电台的音乐，一边跟着哼唱。每当这时候，他甚至连电话铃响都听不见。

啪……啪。啪……啪！

“究竟是谁？”萨姆大喊。真烦人！

萨姆又听了听。没有声音。终于消停了。继续写作业。

啪！！

“可恶！真是受够了！”萨姆嚷道。

他发现声音是从厨房传出来的，便蹑手蹑脚地朝厨房走去，就在他冲进门的一刹那，又听到“啪”的一声。什么东西也没有，什么人也没有，只有爸爸在用刨丝器把奶酪刨成丝，小狗温顺地坐在他面前，眼巴巴地望着奶酪。

啪。

“总算抓到你了，”他心里想。声音是从柜台上传来的，正当他疑惑不解地望着那里时，一颗豌豆，从柜台上一碗浸泡的豌豆顶部滚落下来，打到碗下垫着的托盘上。

啪。

萨姆蹲下身，双手搭在柜台上，目不转睛地盯着那只碗。“来吧，”他带着挑衅的口吻说，“再来一次！”

什么都没发生。萨姆耐心等待。

然后，仿佛被魔力驱使一般，靠近碗边的一颗豌豆开始动起来，慢慢地滚过碗边，然后掉了下来。

啪！

“那里有什么？”萨姆问，“老鼠吗？”

又一颗豌豆掉了下来。啪。

“哇！真奇怪。快看这里，爸爸。你没听到什么吗？”

爸爸停止哼唱并放下手中的活计，走了过来。“你想让我看什么？”爸爸问。

“看这些豌豆！”萨姆指着豌豆说。时间一分一秒地过去，果然，另一颗豌豆掉了下来。啪！

“我在碗里装满了豌豆，然后加上水浸泡，准备今晚做豌豆汤用，就是这么回事。瞧，从碗里蹦出来的豌豆已经有 20 多颗，肯定还会蹦出更多。碗里一定有什么东西在吃它们或者把它们顶出来。”爸爸说。

他们小心翼翼地开始把碗倒空，想看看里面究竟有什么样的小动物。没有小动物，只有水和豌豆。

“这就奇怪了，”萨姆喃喃地说，“你认为我们能让这种情景再现一次吗？”

目的

种子在水中浸泡时会出现什么情况？这个故事让学生看到了种子不可思议的神奇力量：它们吸收水分，把种皮软化，为发芽做好准备。这些变化过程属于物理变化，然而，其结果使得种子能够启动一系列化学变化过程，最终导致新苗诞生。这项实验能够让学生调查不同种子吸收水分的数量有什么不同，并且能够提高他们的探究能力以及数学能力。

我们能够对被浸泡过种子的播种和生长过程记录吗？当然能。英语语言学习者(ELL)来自不同国家，豆类是他们那里的主食之一，对这个研究课题自然有很多话要说。英语语言学习者能够积极参与课堂讨论，而以英语为母语的学生也能够从中学到异域文化。

我要感谢“融合数学和科学的活动”(AIMS，Activities for Integrating Math and Science)教育基金会，多年以来，我在教学中一直借用他们的“豆子发胀了”活动，并取得了很大成功。这项活动内容现在已经修订再版，更名为“吸水的种子”，参见《植物常识》(Primarily Plants，AIMS，2005)一书。

相关概念

- 发芽
- 探究能力
- 面积和变化百分比计算

不要惊讶

你或许会发现，你的学生没有想到种子竟然能够吸收那么多水分，他们可能会认为种子的吸水能力跟海绵差不多。他们可能不明白，隐藏在种子里的植株正是利用水为自己破壳而出做好准备的。超市销售的种子(豌豆和黄豆等)主要是被用来当做食物，而不是用来播种。看到种子经过浸泡后体积和重量急剧增加，你也可能会感到非常惊讶。

内容背景

烹饪中充满了类似本故事描述的日常科学奥秘。豆子经过浸泡后会急剧膨胀。本故事中萨姆的父亲浸泡后用来做晚餐的豆子是豌豆，当然他也可以使用利马豆、豇豆、芸豆、鹰嘴豆、扁豆或其他任何一种豆子。由于豆子种类不同，有些豆子经过浸泡后体积能够膨胀到原来的 3 倍。

大多数供出售的种子通常都要经过晒干处理，才能在园艺店或超市货架上长期存放，否则，种子就会发酵、发霉或发芽，而一旦出现这种情况，它们就无法再被食用或播种。大多数厨师（就像萨姆的父亲一样）往往要把干燥的豆子放在水里浸泡 4 个小时左右，以便它们充分吸收水分，做菜时熟得更快、更均匀。此外，由于豆子通常都带有“田野的泥土”，里面可能藏有昆虫的肢体、碎石、污泥或啮齿动物的粪便，因此，豆子经过浸泡后应当多冲洗几次。还有，豆子含有一种叫做“植酸”的物质，它能够抑制人体吸收铁、镁、钙和锌等矿物质。烹饪前把豆子放在水中浸泡一段时间，能够去除大部分植酸。

根据厨师的经验，1 杯干燥的豆子煮熟后大约能装满 3 杯。简单的数学计算告诉我们，要浸泡 1 杯干豆子，需要用 3 杯水。

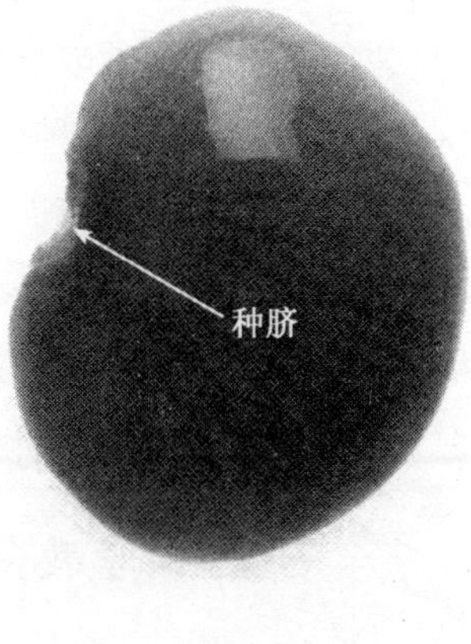

关于食品的科学就先说到这儿吧。我们还是继续探讨种子如何吸收水分，以及水分能对豆子膨胀后的体积和重量造成多大影响。

在豌豆或其他豆科植物的种子表皮有一处凹陷的地方，那里有一小块被称为“种脐”的伤疤，这个伤疤是在种子从果实表面脱离时形成的。（记住，在植物学术语中，甚至蔬菜也被称为果实！只要内部含有种子的东西都被称为果实）你剥开一个新采摘的豌豆荚就能看到，如果你想把豌豆从豆荚里取出来，必须把它与豆荚之间一个脐带状的微型桥接物扯断。种脐给种子留下一个开口，水经过这里可以轻易进入种子内部。豆子膨胀后增加的体积通常大于它所吸收水分的体积。这一过程被称为“吸胀作用”。

水进入种子后，种子内的聚合物吸附水分子并迅速膨胀。聚合物的定义为“特定的结构单元通过共价键多次重复连接而成的相对分子量在一万以上的化合物”。很多人把聚合物等同于塑料,事实上,聚合物在自然界普遍存在。在豆科植物的种子内,聚合物使种子膨胀增加的体积超过其吸收水分的体积。科学家对这种放大效应还不完全了解。对初中生而言,他们可以做一做本章“在5～8年级中使用这个故事”一节提到的实验,比较一下种子膨胀后增加的体积与其吸收水分的体积,就能明显看出这种异常现象。

如果你指导学生把浸泡过的种子剖开,他们就会发现,未来的植株在种子里已经初具雏形。在豌豆或黄豆等豆科植物的种子里,他们能够看到两片种子的叶(子叶)以及原始的根(胚根)。我们吃黄豆,实际上等于是在吃子叶,从中摄取大量的纤维和碳水化合物,而不用担心脂肪含量高。

豆科植物栽培已经有一万年的历史。印第安人在豆地旁边又培育出两种作物——玉米和南瓜,组成了“食物三姐妹”,这一均衡食谱能够满足我们每日的蛋白质所需。玉米生长需要耗费大量的氮,而豆科植物都是固氮能手,它们能够吸收大气中的氮,并把氮转化为可被其他植物利用的形式归还给土壤。因此,这种做法也有利于土壤生态。

一直以来,人类食用豆类种子的方法多种多样:生吃、煮熟、发酵制成酱油或味噌、磨成面粉或者做成豆腐等。然而,豆子在被人体消化过程中会产生大量气体。这是因为豆子含有一种叫做低聚糖的糖,人体不具备分解这种糖的酶。豆子到达我们的小肠后,因发酵而产生并释放气体,如果周围有他人在场的话,往往会令我们感到很尴尬!把豆子浸泡一段时间能够除去大量糖分,有助于解决这个令人难堪的小问题。富含豆类食品的食谱有益人体健康:降低有害的胆固醇(高密度脂蛋白),提供大量有益的矿物质、维生素和纤维,降低体重。

《国家科学教育标准》(国家研究委员会,1996)的相关内容

幼儿园至4年级:从事科学研究需要具备的能力

- 就环境中的物体、生物或事件提出一个问题。
- 制订简单的调查计划并付诸实施。
- 利用简单的设备和工具收集数据并拓展感官能力。
- 根据数据做出合理解释。

• 把自己的调查结果和科学解释拿出来与他人分享。

幼儿园至4年级:生物的特征

• 生物都有基本需求。例如,动物需要空气、水和食物等;植物需要空气、水、养分和光等。生物只有在其需求可以得到满足的环境下才能生存。

• 世界上有许多不同的环境,不同环境养活的生物类型各不相同。

• 每一种植物或动物都有不同的结构,它们在该植物或动物生长、生存和繁殖过程中发挥不同的作用。

幼儿园至4年级:生物的生命周期

• 植物和动物的生命周期包括出生、成长、繁殖和死亡。生命周期的具体细节因生物种类不同而存在差异。

• 植物或动物都跟它们的"父母"长得很像。

5～8年级:从事科学研究需要具备的能力

• 通过科学调查确定研究课题。

• 制订科学调查计划并付诸实施。

• 利用适当的工具和技巧对数据进行收集、分析并解释。

• 运用批判思维和逻辑思维建立证据与解释之间的关系。

5～8年级:生物系统的结构和功能

• 处于不同层次的各个生物系统在结构和功能上具有互补性。重要的层次包括细胞、组织、器官、完整的生物个体以及生态系统等。

5～8年级:繁殖和遗传

• 繁殖是一切生物系统都具有的特征,这是因为,没有任何一个生物能够永生,繁殖对于每个物种的延续至关重要。有些生物采取无性繁殖方式,而有些生物采取有性繁殖方式。

5～8 年级:生物的多样性和适应性

• 数百万种动物、植物和微生物生活在当今这个世界。尽管不同物种外表形态各异,但是,通过分析生物身体内部结构的一致性、化学反应过程的相似性以及拥有的祖先相同,可以找出它们的共性。

《科学素养基准》(美国科学发展协会,1993)的相关内容

幼儿园至 2 年级:科学研究

• 人们往往单凭仔细观察周围的事物就能够学到一些东西,不过,有时候,人们在对那些事物做些什么之后再进行观察,能够学到更多东西。

• "能够尽量准确地描述事物"在科学研究中非常重要,因为这样能够让你把自己观察到的结果与他人观察到的结果进行比较。

• 当人们对同一个事物的描述大相径庭的时候,比较好的做法是,重新进行观察,而不是进行无谓的争论。

幼儿园至 2 年级:生物的多样性

• 有些动植物的外表或行为相似,有些则差别很大。

• 植物和动物都有各自不同的特征,能够帮助它们在不同环境中生存。

幼儿园至 2 年级:物质的结构

• 一些方法可以令物质的某些属性发生变化,但同一种方法不能令所有的物质都产生同样的反应。

3～5 年级:生物的多样性

• 我们可以采用不同特征对各种各样的生物进行分类,判断哪一种生物属于哪一个类别。

• 根据目的的不同,我们在对生物进行分类时采用不同的特征。

3~5 年级:科学研究

• 科学研究的结果很少会一模一样,但如果差异过大的话,就有必要弄明白其中的原因。在研究过程中必须严格按照指令去做并认真做好记录,这样做的好处之一就在于,一旦结果出现差异,便于查找哪一个环节出了问题。

• 如果有人声称自己知道某种东西的工作原理,科学家们往往会不屑一顾,除非他能够提供充分的证据,而且他的推理过程符合逻辑。

6~8 年级:科学研究

• 如果在实验中同时发生变化的变量不止一个,那么我们很难弄清楚影响实验结果的是哪一个变量。虽然我们并非一定能杜绝外部变量对实验产生干扰,但是,只要研究人员在实验过程中齐心合力,通常能够解决这类问题。

6~8 年级:生物的多样性

• 动物或植物具有多种多样的外部形状和内部结构,从而能够制造或寻觅食物以及繁殖后代。

• 对有性繁殖的生物而言,一个物种包含所有能通过交配产生子孙后代的生物个体。

在幼儿园至 4 年级中使用这个故事

学生肯定想把故事中的情景再现一遍,不过,你应当让他们首先预测一下,给装有不同类型种子的杯子倒入水之后,会发生什么现象。你可以把学生每四至五人分成一组,每组共用一个大约 3 盎司(1(美制)盎司=29.571 毫升)的杯子。最好使用透明的塑料杯,这样他们就能看到杯子里发生了什么。在每一组中,每一种种子都应当使用两个杯子,一个杯子里装水,另一个不装水,用来进行对比。

我建议你至少要使用两种不同的豆子。我喜欢使用利马豆,因为它们能够吸收大量水分,当然,豇豆、鹰嘴豆或豌豆都可以。你还可以拿玉米(单子叶植物)种子跟黄豆(双子叶植物)种子进行比较,肯定很有趣。总之,你最好让学生至少拿两种或两种以上的种子进行比较。

首先,让学生用手持放大镜仔细检查种子。你还应当让他们在科学笔记中把种子画出来。然后,问一问学生,他们认为给杯子加入水之后种子会怎样。让他们把答案记录在一张大纸上,以备以后参考。你可以利用这些信息帮助学生整理出需要调查的内容,然后看一看哪些内容可以通过实验验证,帮助他们设计一个公平实验方案。学生可能不会想到使用对照组(杯里没有水的种子),你可以通过提问题的形式提醒他们:如果不给杯子加水,那么种子会发生什么变化。

你可以提出如下问题:

- 你如何才能知道种子是否已经发生变化?
- 你如何才能知道你看到的各种变化都是由水造成的?
- 你认为需要多长时间才能让种子发生变化?
- 如果我们在实验之后把种子播种到土壤里,它们能发芽、出苗吗?
- 把浸泡过的种子和干燥的种子同时播种到土壤里,前者的发芽速度会不会比后者快?

除非你有能力熟练指导学生同时进行几项不同的实验研究,否则就让全班同学商定一个统一的实验方案,这样大家都在同一时间做同一个实验。需要强调的是,如果你要求学生调查种子体积在某一段时间内发生的变化,他们就应当在同一时刻开始,并在同一时刻结束。我建议你从早上开始这个活动,把豆子浸泡大约 4 个小时。务必让学生在浸泡之前测量种子的重量和大小。学生可以把浸泡前的种子放在每小格 1 厘米见方的坐标纸上,观察种子覆盖几个方格,然后,再把浸泡过的种子放在坐标纸上,观察种子覆盖几个方格。还有一种比较好的记录方法,你可以让学生在浸泡前和浸泡后分别沿着种子轮廓在纸上画出来。你应当让学生把这些种子与其他种子分开,或者以某种方式做出标记,方便之后识别。一般而言,小学使用的电子秤精度不高,无法衡量出单个豆子的重量差异,但是,如果把浸泡前的豆子放在一起称,浸泡后的也放在一起称,那么学生就能看出两者存在明显差别。

为了在实验中获得最佳效果,你可以让学生首先用豆子装满杯子,也就是上面的豆子跟杯口齐平,然后倒入一定数量的水(测量并记录下来),也跟杯口齐平。学生可以每隔一小时查看一下豆子出现了什么情况。杯里的水肯定会逐渐变少,因此需要添加更多的水，如果出现这种情况，让学生把每次添加的水量都记录下来。

正如故事里描述的那样，第一粒豆子开始从杯中掉出来时，让学生把时间记录下来，然后观察每小时有多少豆子掉出来。此时，你最好改用滴管给杯子加水，这样水就不会溢出来，造成实验数据不准。杯里的种子不断吸收水分，并继续膨胀下去。让学生把自己观察的现象记录下来，并给出合理的解释，从而为本章故事续写结局。他们还可以观察，每一种种子耗尽杯里的水各需多长时间，或者从开始浸泡到第一粒种子掉出来各需多长时间。规定时间一到，就让学生把杯里的豆子取出来，测量杯里剩下的水量，并将其与添加的水量进行比较。

如果你想把实验再推进一步，可以让学生把软化了的种皮剥掉，然后把种子剖开，看看里面是什么。他们可以从中了解植株是如何突破坚硬种皮的。你可以让他们把观察到的现象画出来，帮助他们找出种子里面已经初具雏形的幼苗，尤其是子叶和胚根。双子叶植物（黄豆）有两片子叶，而单子叶植物（玉米）只有一片子叶。

把种子连同湿纸巾一起放入塑料袋后密封起来，用胶带把塑料袋固定在窗户上，这样学生就能看到休眠的种子一旦被水唤醒将会发生什么变化。注意，过一段时间之后塑料袋里的种子可能会发霉，变得无法观察。

当然，你们也可以把种子播撒在土壤里，只要学生热情不减，你们就可以一直调查下去。即使这样做已经超出了本章教学内容的范围，却是调查研究的合理延伸，值得一试。

在 5～8 年级中使用这个故事

跟低年级学生一样，高年级学生也会对这个故事很感兴趣。事实上，他们会非常急切地想要“再现情景”。当然，你应当让学生首先谈一谈他们对种子和浸泡的看法，并把各人的观点记录下来。接下来，你可以组织学生就如何开展调查进行讨论，注意要把对照组和实验组等内容都包括进去，他们会就实验的具体方案达成一致意见。我发现，高年级学生喜欢使用更多不同种类的种子。这可能是因为他们比低年级学生知道的种子种类更多，也可能是因为他们更好奇。高年级学生完全有能力分组同时进行不同项目的实验研究并对实验数据进行记录，事实上，这对他们而言可谓小菜一碟。你可以让他们做一项更具挑战性的研究，下面一则故事描述了他们需要研究的内容。

“啪，啪”的延伸故事

玛丽、吉姆和海伦正在争论关于豆子的事情。他们都知道，如果把利马豆放在水里浸泡，浸泡后膨胀的豆子比浸泡前在重量和体积两方面都会显著增加。但是，三个人的意见分歧在如下方面：

玛丽说：“这些豆子膨胀后，体积比重量增幅更大。你只要看一看，就能明显看出来！豆子膨胀后的体积是原来的两倍，但是重量不可能是原来的两倍。”

吉姆说：“膨胀后的重量比体积增幅更大。你只要把它们拿在手里掂一掂，就能明显感觉出来！它们吸收了那么多水，重量比体积增幅肯定大得多。我敢打赌，它们的重量是原来的三倍，而体积却只有原来的两倍。”

海伦说：“重量和体积的增幅应当相同。膨胀是由于豆子吸收了水，体积的增加部分是由水造成的，因此，这部分重量就等于豆子吸收水的重量。”

他们应该通过什么样的实验来解决这个问题？你们可以每四人一组进行实验，在实验之前首先提出一个或几个假设，然后通过实验加以验证。教室内有可以测量体积的工具。请展开讨论并就实验设计方案达成共识。

延伸故事的内容背景

说也奇怪，玛丽是对的。这就是我前面提到的放大效应，即黄豆种子中的聚合物导致种子体积膨胀幅度异常大。然而，这并不是本故事的重点。重点是让学生设计一项难度比较大的实验方案。海伦的解释似乎最符合逻辑，却没有考虑到种子的异常行为。

实验的难点在于，学生如何收集关于豆子体积变化的数据。豆子在水中会下沉，因此，最好的办法是测量豆子的排水量。学生应当使用多种豆子来获得可读的结果，然后把这些豆子与其他未测试的豆子分开，以便在调查结束前进行重新测试。

上述关于豆子膨胀后体积异常增大的信息来源于《植物生理学》杂志上的一篇论文——《种子吸胀作用的体积构成》(1983)(www.plantphysiol.org/cgi/reprint/73/3/677.pdf)，作者为博伊斯汤普森研究所(Boyce Thompson Institut)的卡尔·

利奥波德(A. Carl Leopold)。这篇论文浅显易懂,作者堪称学生从事科学研究的楷模。毕竟,一个真正的科学家真心关注一个问题,并真诚地撰写了一篇论文,而一本声望颇高的杂志真就把它刊登出来了。你与科学家的距离还有比这更近的吗?

相关书籍和美国科学教师协会期刊文章

Driver, R., A. Squires, P. Rushworth, and V. Wood-Robinson. 1994. *Making sense of secondary science: Research into children's ideas.* London and New York: Routledge Falmer.

Keeley, P. 2005. *Science curriculum topic study: Bridging the gap between standards and practice.* Thousand Oaks, CA: Corwin Press.

Keeley, P., F. Eberle, and C. Dorsey. 2008. *Uncovering student ideas in science: Another 25 formative assessment probes, vol. 3.* Arlington, VA: NSTA Press.

Keeley, P., F. Eberle, and L. Farrin. 2005. *Uncovering student ideas in science: 25 formative assessment probes, vol. 1.* Arlington, VA: NSTA Press.

Keeley, P., F. Eberle, and J. Tugel. 2007. *Uncovering student ideas in science: 25 more formative assessment probes, vol. 2.* Arlington, VA: NSTA Press.

Konicek-Moran, R. 2008. *Everyday science mysteries.* Arlington, VA: NSTA Press.

Konicek-Moran, R. 2009. *More everyday science mysteries.* Arlington, VA: NSTA Press.

参考文献

AIMS Education Foundation. 2005. Seed soakers. In *Primarily plants.* Fresno, CA: AIMS. 57–65.

American Association for the Advancement of Science (AAAS). 1993. *Benchmarks for science literacy.* New York: Oxford University Press.

Leopold, A. C. 1983. Volumetric components of seed imbibition. *Plant Physiology* 73: 677–680.

National Research Council (NRC). 1996. *National science education standards.* Washington, DC: National Academies Press.

第十二章
心跳感觉

怦！怦！怦！

瑞安(Ryan)感觉自己的心脏快要在胸口爆炸了。他和哥哥一起沿着市区刚跑完1英里。哥哥每天早晨都要跑步。

“嘿，小弟弟，”汤姆(Tom)说，“你的身体素质真差！我觉得你是缺乏锻炼。每天早上跟我一起跑步吧，要不了多久你就能参加跑马拉松了。”

瑞安喘着粗气，一屁股坐在马路牙子上，好让自己的心脏缓一缓。

“来，让我摸摸你的脉搏。”汤姆说着抓起了瑞安的胳膊。

“别动我！”瑞安一边说一边试图挣脱。他不想被哥哥看扁，可是已经累得不能动弹，只好任由汤姆把手指放在自己的手腕上。

“你的心脏跳得确实太快！”汤姆说。

“什么？你能在我胳膊上数出我的心跳？”瑞安有气无力地惊呼道。

“当然，你的心脏搏动时，会把血液送到血管，你全身很多地方都可以感觉到那种跳动。你没去过医院吗？”

“当然去过，但医生老是在我身上弄来弄去，我根本不知道他们是在干嘛。那么，我身体其他地方的心跳次数都是相同的吗？”

“当然。我想是的，不然呢？管它呢，我又不是医生。也可能不是。爸爸妈妈难道没有给你量过脉搏？”

“也许妈妈量过，但只是在我生病的时候，”赖安回答，“然后她摸摸我的额头，给我量体温。”

“嗯，那是为了看看你的心率是不是加快了，据此判断你有没有生病。”

“那我现在病了吗？”赖安问。

“不！你只是在锻炼。”

“等一下，我生病的时候心跳加快，锻炼的时候*也这样*？太奇怪了。我的心脏是怎么分辨出生病和锻炼的？”

“你的心脏什么也不知道，”汤姆说，“它只知道做你身体需要它做的事。”

“汤米，还有什么别的事会让心跳加快或减慢？”

“不清楚，”汤姆说着便走开了，“不要叫我汤米！”

“好吧，我怎么才能让心脏跳得更快或更慢？白天的时候它有变化吗？等我长大以后呢？”瑞安兴奋地跟在哥哥后面喊道。

“噢，小弟弟，冷静点！我想我们能找到答案。过来，让我教你怎么测脉搏，然后你自己去寻找答案吧。别忘了把答案告诉我。”

目的

所有孩子都对自己身体的运转原理感兴趣。这个故事旨在帮助他们发现哪些活动会改变心率,也为他们进一步了解循环系统及其在人体内发挥的作用奠定基础。

相关概念

- 血液
- 血细胞
- 健康和锻炼
- 肺
- 呼吸
- 循环系统

不要惊讶

大多数孩子都曾经有过被父母、医生或护士测量过脉搏的经历。他们也许并不明白发生了什么或者为什么那个东西那么重要。他们知道,如果他们说自己感到不舒服,照看他们的人往往会首先给他们测量脉搏。他们可能不知道,测量的其实不仅仅是心率,还有心脏跳动的力度和节奏。很多孩子都不了解由心脏、静脉、动脉和毛细血管构成的循环系统以及该系统与身体机能的关系。

爱情故事和歌曲经常描述某个人心如刀割或者心里充满爱意等,而有些学生竟然信以为真,他们以为心脏的形状就像"爱心"那样。

内容背景

循环系统对很多动物来说都至关重要,因为它把气体、荷尔蒙和营养运送到身体各个器官,并把细胞呼吸产生的废弃物运送到排泄器官排出体外。脊椎动物具有所谓的封闭型循环系统,这就意味着,除非动物身体受伤,否则体内循环的血液不会离开动脉、静脉和毛细血管。一些无脊椎动物拥有开放型循环系统,血液从心脏泵出,经过开放的体腔之后再流回心脏。多毛类环虫(多为海生蠕虫)是唯一的例外。

关于系统需要说一句:我们经常用到“系统”这个词,但有必要搞清楚它的意思。“系统”是由相互作用、相互依赖的若干个体组成的一个有机整体。系统可以是一辆自行车(机器),也可以是某个环境中的一群生物(生态系统)。我们有太阳系统、天气系统以及本章故事中由一组器官组成的循环系统。政府是由各种系统构成的,数学也有诸如定理或方程式之类的系统。有些系统太大,于是我们把它们分成子系统。例如,一辆自行车就由齿轮系统、转向系统以及推进系统等子系统构成。

如果你改变一个系统或子系统的任何一部分,整个系统以及相关的系统都会受到影响。我们应当把循环系统等子系统看做是整个人体系统的组成部分,当焦虑症或传染病影响身体某一部分时,不仅循环系统受影响,人体其他各个系统也都会受影响。简而言之,凡是一个大的系统下面的子系统都不是彼此孤立的。系统知识对我们学习故事中提到的脉搏和心率等概念尤为重要。如果你想开展一次针对系统及其重要性的讨论,可以使用《发现学生的科学想法》(第四册)(基利和塔古尔,2009)的探究案例“它是系统吗?”。

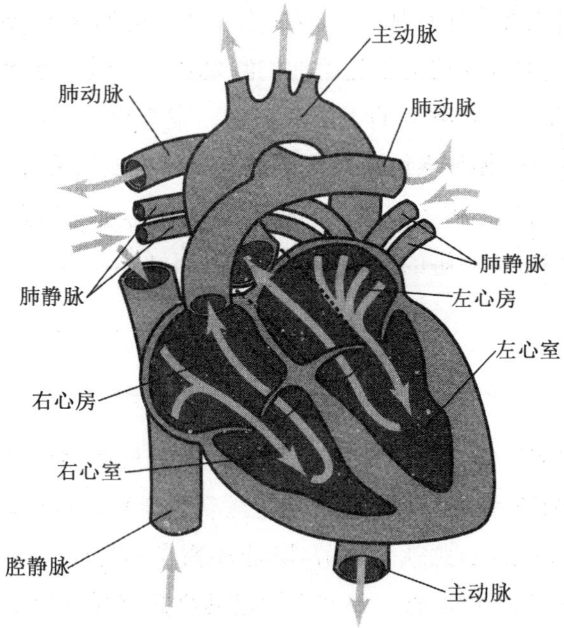

我们在这则故事中探讨的人体循环系统是由心脏(泵)、动脉、静脉以及毛细血管构成的,它们控制血液在全身循环流动。一般而言,一个成年人的心脏每次泵出大约 10.6 品脱(5 公升多)血液,这些血液通过一系列弹性管道(静脉、动脉和毛细血管)输送到人体各个部位。心脏大约有一个人的拳头那么大,位于胸腔左侧。血液是一种液体(血浆),包含红细胞、白细胞、血小板、溶解氧、二氧化碳、营养以及废物等。血浆大部分是由水和少量溶解盐构成的。红细胞携带氧和二氧化碳;白细胞抗感染;身体受伤时,血小板会促进血液凝结。人体内不同部位血液携带哪些物质,主要取决于血液是从心脏和肺向外流出还是正在返回。

我们可以摸到自己的脉搏,因为心脏有节奏地把血液泵入动脉。如果动脉贴近皮肤,它在扩张时能够被我们感觉到。通常,成年人心脏每分钟跳动 60～100 次(被称为心率),新生儿为 120 次。人的心率与其健康状况、年纪和遗传有关。确定一个人的心率是否正常的唯一方法是,当他处于静息状态且没有任何疾病感染时对心率进行测量,我们称之为基准心率。其他时间测量的心率都可以与基准心率进行对比。长跑运动员的基准心率大约为每分钟 40 次。

焦虑、脱水、锻炼、进食以及疾病感染等都可能引起心率加快。20 世纪三十年代,人们普遍对脊髓灰质炎感到恐慌,当时我还是个孩子,父母经常给我测脉搏。他们把温度计放在我舌头下面,原本只有三分钟,我却感觉仿佛过了几个小时。如果我发烧而且心率加快的话,就会有医生登门拜访。(是的,以前的医生可以登门诊断疾病!)通常,医生做的第一件事就是摸我的脉搏。

心脏是一个由四个腔室构成的肌肉泵,肌肉泵在人的一生中搏动数十亿次,从不停歇。经过自然进化,人的心脏能够高效地使血液在周身循环流动。心脏的肌肉组织被称为心肌,在人体中独一无二,它有自身的电起搏器,通过接受大脑发出的信息来设定心律和心率。如果这个起搏器无法正常工作,我们可以用人工起搏器代替。

心脏把那些正在向身体各处输送营养并从各处回收废物的血液吸收进来,然后把它们送到肺部,在那里把二氧化碳(废气)交换成氧气,这些携带氧气的血液返回心脏,再从心脏泵送到身体各处,氧气被输送到身体细胞用于细胞呼吸。血液在体内流动,通过毛细血管(管壁最薄、口径最小的血管,可以让营养慢慢渗透到周围组织)输送人体所需的营养和氧气。同时,血液也会带走废物,把废物输送到肾(然后到膀胱),在那里集中并排出体外。另外,血液还收集细胞呼吸产生的二氧化碳,在肺部交换成氧气。如此周而复始。

心脏的四个腔室如图所示。请注意，富含二氧化碳的血液进入右心房，然后泵入右心室，从那里离开再进入肺部。血液中的二氧化碳与氧气交换后进入左心房，然后进入左心室，再经由最大的动脉（主动脉）抵达全身。左心室以异常强大的动力泵出血液，这就是人体许多部位的脉搏来源。心脏的左侧负责泵出含氧的血液，右侧泵入含二氧化碳的血液。由于左侧负责泵出血液供给全身，所以左侧的心肌更发达。

腔室之间有单向瓣膜，防止血液倒流。当你通过听诊器听到心跳时，你听到的其实是瓣膜关闭的声音。有时，由于先天缺陷或受伤，这些瓣膜无法正常工作，出现泄漏现象，甚至可能对人体造成伤害，这时就必须通过手术加以修补。

心肌由自身的血管供给血液，这些血管必须保持健康，心脏才能正常工作。这些血管和心脏一起被称为冠状动脉系统。饮食不当，包括摄入过多饱和脂肪，可能会引起血管里的血液凝结。而由这些血管供血的那部分心脏就可能会因为缺血而受到损伤，甚至造成心肌细胞坏死，这就是人们常说的心脏病。如果我们知道肥胖、吸毒、抽烟以及身体染病而不及时治疗等都有可能影响心脏健康，就应当杜绝这类恶习。由于心脏病已成为全国第一大致命疾病，我们应当及早帮助学生了解有关促进身体健康以及预防心脏病的知识。危害心脏健康的不良习惯可能从小就会出现苗头，所以我们应当教育学生养成健康的好习惯。

《国家科学教育标准》（国家研究委员会，1996）的相关内容

幼儿园至 4 年级：生物的特征

• 生物都有基本需求。例如，动物需要空气、水和食物等；植物需要空气、水、养分和光等。

• 生物只有在其需求得到满足的环境下才能生存。

5～8 年级：生物系统的结构和功能

• 处于不同层次的各个生物系统在结构和功能上具有互补性。重要的层次包括细胞、组织、器官、完整的生物个体以及生态系统等。

• 所有生物都是由生命的基本单位细胞构成的。大多数生物都是单细胞；包

括人类在内的其他生物是多细胞生物。

• 在多细胞生物体中，专门的细胞具有专门的功能。专门的细胞组合在一起形成组织，如肌肉。不同的组织又组合在一起形成更大的功能单位，被称为器官。每一类细胞、组织和器官都具有独特的结构和功能服务于整个生物体。

• 人体的系统有消化系统、呼吸系统、生殖系统、循环系统、排泄系统、运动系统、协调与控制系统以及免疫系统等。这些系统之间相互作用。

《科学素养基准》(美国科学发展协会，1993)的相关内容

幼儿园至2年级：基本功能

• 人具有帮助自己在感到饥饿时寻觅食物、发现食物并摄入食物的身体结构：人用眼和鼻寻找食物，用腿得到食物，用手拿取食物，用嘴吃掉食物。

• 大脑使得人类能够进行思考，并向身体其他部位发出信号，指挥它们正常运转。

3~5年级：基本功能

• 人类从食物中获得身体修复和生长所需的能量及物质。不能消化的食物部分则被排出体外。

• 人体通过呼吸摄入生存所需的氧气。

• 大脑接收身体各个组成部分发出的信号。大脑也向各个组成部分发送信号来指挥它们如何运转。

6~8年级：基本功能

• 器官和器官系统由细胞构成，并为细胞提供基本的需求。

• 人体为了从食物中获取能量以及成长所需物质，必须首先把食物消化变成分子，然后输送给细胞并被细胞吸收。

• 人体为了让食物燃烧从而释放其储存的能量，必须给细胞提供氧气并清除二氧化碳。肺吸入氧气使食物得以燃烧，并呼出燃烧产生的二氧化碳。泌尿系统清理溶解的废物分子，肠道清除固体废物，皮肤和肺排出身体热量。循环系统根据人体的需求，把细胞所需要的上述各种物质输送给细胞，并把废物从细胞那里带走。

在幼儿园至4年级中使用这个故事

即使年纪最小的孩子也肯定有过被测量脉搏的经历。他们也许不明所以,但是知道每当自己说感觉不舒服的时候,常常有人给他测脉搏。正如本章故事所说的那样,学生有必要知道,心率发生变化未必就是因为生病,心脏是一个更大系统的组成部分,而这个系统也是人体众多系统之一。

按照老习惯,首先,我要了解学生对心脏知识懂得多少:心脏在哪里,心脏有什么作用,如何知道心跳速度快慢,等等。然后,我把这些问题写在一张大纸上。如果可能的话,我把这些陈述句都改成可供调查研究的问题。我教学生如何测量脖子上颈动脉的脉搏,那里是最容易摸到脉搏的地方。我让学生先摸一摸我的脖子,然后在他们自己的脖子上找一找。如果学生能够数出20以内的数字,你就可以让他们测量15秒内的脉搏。如果他们会做加法,就可以把这个脉搏数量相加4次;如果他们会做乘法,就乘以4,因为15秒是一分钟的1/4。

我们需要给学生解释,标准做法是测量每分钟的心跳次数。这是一个把数学和科学相结合的好机会,尤其是如果大纲设置合理的话。我发现,如果学生真心想为数学问题找到答案,他们就会学得更好。

我让他们预测(一定要给出理由)做什么事情能让自己的心跳加快或减慢。他们通常会这样说:

- 锻炼能让你的心跳加快。
- 进食能让你的心跳加快。
- 拍手或原地跑步能让你的心跳加快。
- 起立能让你的心跳加快。
- 躺下能让你的心跳变慢。
- 受惊能让你的心跳加快。

你把这些预测改成问题之后,可以让学生选一个身体部位来测量自己的脉搏,或者给搭档测量脉搏。通常,我让他们从手腕处的桡动脉或者脖子上的颈动脉着手。

学生学会测量桡动脉脉搏之后，让他们寻找能摸到脉搏的身体其他部位。我自己找到了一个不常被提及的地方，它位于手掌大拇指根部。主要动脉有：脖子上的颈动脉、太阳穴的颞浅动脉、上臂或肘窝处的肱动脉、手腕上的桡动脉、手腕内侧的尺动脉、腹股沟的股动脉、膝盖后面的腘动脉、脚背上的足背动脉以及踝骨后面的胫后动脉等。显然，有些动脉脉搏不便测量，并且跳动不明显。很多医护人员偏爱颈动脉和桡动脉。医护人员给你量血压时，通常会把听诊器缚在你的肱动脉上，它位于肘部的皮肤内。

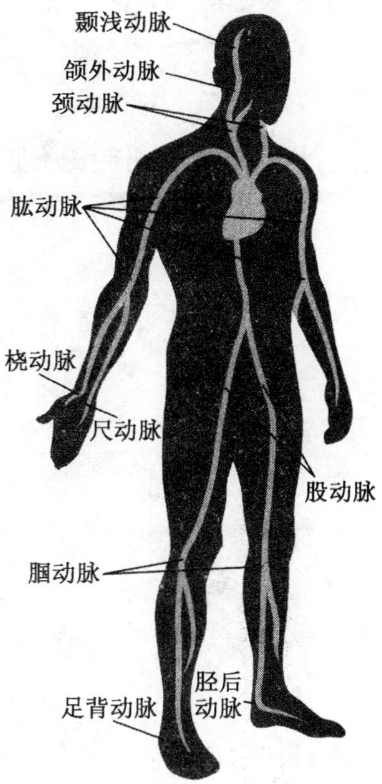

注意！如果你的学生选择研究人处于运动状态下的脉搏状况，你务必要搞清楚是否有学生因为自身健康问题而不宜参加某项运动。学生们的实验结果将会不尽相同，但是有一点你可以肯定，只要持续运动一段时间都会导致脉搏加快。进食通常也会如此，你可以分别测量饭前和饭后静息状态下的脉搏。你这些数据可以制作成图表，张贴在公告栏上。根据实验结果，学生可以对原先那些关于心跳的预测进行适当修改。

在5～8年级中使用这个故事

你大概以为高年级学生对心脏和脉搏知识应该懂得不少，然而，结果可能会令你大吃一惊。最好还是像上一节那样，先了解一下学生对心脏和循环系统知识的掌握情况。他们研究的问题可能比低年级学生复杂一些，例如：

- 身体末梢部位的脉搏与心脏附近部位的脉搏跳动是否同步？
- 身体不同位置的脉搏跳动速度一样吗？
- 跑步的时候，腿上的脉搏比其他地方的脉搏更快吗？
- 你能否在静脉上摸到脉搏？为什么？

- 冥想能用来改变心跳速度吗?
- 什么是生物反馈?
- 生物反馈有效吗?
- 生物反馈的工作原理是什么?
- 其他有心脏的动物如何进行血液循环?
- 外界温度会影响心率吗?
- 心率会随着年龄增长而变化吗?

有时候,我们会遇到这样的问题:“那些能量饮料真的有效果吗?”这也许是一个关于能量饮料能否提高心率的问题。显然,这个实验不适合在学校进行,不过,如果有学生认识喜欢喝这类饮料的人,他们可以在校外做这个实验。同样,喝咖啡也是如此。

据我所知,有一所学校鼓励这种探究式学习,并尝试在全校范围开展一些关于重要课题的研究。这种做法可能会引起全校师生的兴趣,其中包括行政人员和家长教师协会成员。你的学生也可以到各间教室去开展研究,看看每一个年级学生的平均心率是否有所不同。研究结果可以张贴在学校公告栏或学生容易看到的其他地方。低年级的许多教师都很欢迎这种跨年龄的研究。虽然你需要花一些时间指导学生如何去教低年级孩子测脉搏,或者指导他们如何亲自去做研究,但是从长远来看,这项活动很值得一试。

无论你的学生决定研究哪一个问题或哪一些问题,都会加深他们对循环系统、人体以及科学本质的认识。

相关书籍和美国科学教师协会期刊文章

Driver, R., A. Squires, P. Rushworth, and V. Wood-Robinson. 1994. *Making sense of secondary science: Research into children's ideas.* London and New York: Routledge Falmer.

Keeley, P. 2005. *Science curriculum topic study: Bridging the gap between standards and practice.* Thousand Oaks, CA: Corwin Press.

Keeley, P., F. Eberle, and C. Dorsey. 2008. *Uncovering student ideas in science: Another 25 formative assessment probes, vol. 3.* Arlington, VA: NSTA Press.

Keeley, P., F. Eberle, and L. Farrin. 2005. *Uncovering student ideas in science: 25 formative assessment probes, vol. 1*. Arlington, VA: NSTA Press.
Keeley, P., F. Eberle, and J. Tugel. 2007. *Uncovering student ideas in science: 25 more formative assessment probes, vol. 2*. Arlington, VA: NSTA Press.
Konicek-Moran, R. 2008. *Everyday science mysteries*. Arlington, VA: NSTA Press.
Konicek-Moran, R. 2009. *More everyday science mysteries*. Arlington, VA: NSTA Press.

参考文献

American Association for the Advancement of Science (AAAS).1993. *Benchmarks for science literacy*. New York: Oxford University Press.
Keeley, P., and J. Tugel. 2009. *Uncovering student ideas in science: 25 new formative assessment probes, vol. 4*. Arlington, VA: NSTA Press.
National Research Council (NRC). 1996. *National science education standards*. Washington, DC: National Academies Press.

第十三章
搭便车

秋高气爽的一天晚上，4 岁的金毛犬安妮(Annie)盼着饭后出去散步。凯尔茜(Kelsey)很喜欢带着安妮散步，因为它一向乖巧听话。但是，今天晚上，安妮挣脱了凯尔茜手中牵着的狗绳，把住在院子里的那只土拨鼠从院里赶到了院外附近的空地上。凯尔茜在安妮后面一路小跑，担心它可能会跑到附近一条交通繁忙的马路上，万一碰到超速的汽车容易发生危险。她循着狗叫声追过去，最后发现安妮正对着地上一个洞口吠叫,土拨鼠早已钻进洞里。

“来吧,安妮,你没办法把它从洞里弄出来。即使你能做到,它的牙齿那么尖利,你也未必能占上风!”这一次,凯尔茜紧紧抓住狗绳,把安妮从洞口拽开。当凯尔茜和狗从田野里一片齐腰深的杂草丛中穿过回到院子里时,凯尔茜发现自己的衣服上以及狗的身上到处都沾满了一些小东西。

凯尔茜必须为安妮重新彻底梳理一番,因为它开始不停地乱咬自己的皮毛,试图把那些东西从身上弄掉。凯尔茜的裤子和毛衣也都沾满了那些东西,很难弄下来。凯尔茜牵着小狗走进屋里,大家都警告她不要把家里弄得乱七八糟。

“别担心!”凯尔茜回答,“它们很难被扯下来,肯定也不会掉在地板上。有些还带着刺,我想把它们摘掉的时候,还被扎伤了手指。它们都是种子,对吧?”

“我是这样认为的。”爸爸说。

“我想知道,如果我拿一些播种的话,它们会不会长出来?”

“它们要到春天或夏天才能长出来,你得等很长时间哦。”

“这些种子是想让我和安妮带着它们兜风吗?”

“嗯,它们是想到处走走,所以就搭乘你和安妮的‘便车’。”凯尔茜的妹妹贝丝(Beth)说。

“如果今晚我和安妮不去那里,它们又该怎么办?除了像这样粘到我身上之外,它们肯定还有别的办法。”凯尔茜抱怨道。

爸爸想到一个好主意。“凯尔茜,我认为种子旅行的方式多种多样。我们为什么不去搜寻一番,看看能否找出它们是通过哪些手段离开父母的?”

说做就做。他们搜罗到各种各样的种子,而一旦静下心来仔细观察,实际上并不难发现它们各自的出行方式。

目的

种子植物的很多特征都是经过亿万年进化而来的。这个故事探讨了植物进化的一个重要特征:种子通过广泛传播,可以避免在同一地方跟“父母”争夺阳光、水和养分等自然资源。我们已经在《日常科学之谜(一)》(科尼赛克-莫兰,2008)“直升机长成大树”这个故事中探讨了橡树和枫树的种子,它们能像直升机一样飞行。这里,我们将要探讨的是,一旦种子准备好发芽,它们还有其他哪些方式可以“离开家”。我需要补充说明一下,我们通常所说的“种子”其实应该被称为“果实”。大多数植物传播的都是含有种子的果实。这个故事鼓励学生细心观察常见植物传播其种子和果实采取用的几种方法,帮助他们拓宽对植物学的知识视野。

相关概念

- 植物
- 繁殖
- 生命周期
- 果实和种子
- 适应
- 形式和功能
- 种子传播

不要惊讶

学生通常没有意识到,种子植物通过进化出一些机制把种子传播到其他地方,以此避免过度拥挤的环境。大多数孩子在田间地头行走的时候都曾碰到过衣服被植物果实粘住的情景,尽管如此,他们并没有意识到这对植物有什么价值,也没有意识到他们正在把含有种子的果实带走。开花植物的种子几乎没有裸露的,它们要么附着在果实上,要么属于果实的一部分。很多儿童和成人都把果实错当成种子。

内容背景

在地球历史上,当低等植物进化为高等植物(包括开花植物)时,有些植物能够把种子传播到远离自己的地方,因此它们的下一代往往更健康、生命力更强。幼苗不需要跟“父母”竞争阳光、水和养分,存活下去的可能性更大,与此同时,它们也不会影响“父母”的生活和繁殖能力。因此,自然选择偏爱那些能够把种子传播到远处的植物。

植物传播种子的媒介主要有以下几种:动物、风、重力、水和火等。下面我们来逐一讨论。

借助动物传播:本章故事里提到的植物是苍耳,它的果实表面上有很多小钩子,能够粘附到从它旁边经过的动物身上。但是,并非所有依赖动物的果实都有搭便车行为。有些种子被包裹在果实里,而果实被动物吃掉。松鼠采集橡子(橡树的果实)后往往把它们埋起来,其中被松鼠遗忘的或没被找到的橡子就会在土壤中生根发芽。还有一些果实味道鲜美,会被动物当场吃掉,然后,果实内的种子经过动物消化道,被排泄到远离“父母”的地方。你还记得你在吃苹果的时候,会把含有种子的果核扔掉吗?这也是植物种子得以传播到远处的一种方式。

一个值得注意的有趣现象时,牛蒡是一种搭便车旅行的植物,瑞士发明家乔治·德·梅斯特拉尔(George de Mestral)从牛蒡果实芒刺上的“钩与环”结构(图13.1)获得灵感,发明了尼龙搭扣。鬼针草(图13.2)也会附着在人的衣服或动物的皮毛上面,从而得以传播。

借助风传播:有些植物借助风把种子带走。榆树、梧桐、枫树以及其他树木的果实都带有翅膀,它们能像直升机一样飞到远处。马利筋、蒲公英以及一些紫菀属植物结出的果实宛如降落伞。你们谁没用嘴吹过蒲公英成熟的果实,让它随风飘荡?“降落伞”的主体是果实,种子附在降落伞柄底部。柳树和杨树等树木也会结出降落伞状的果实,这些果实也会随风飘向远方(图13.3)。

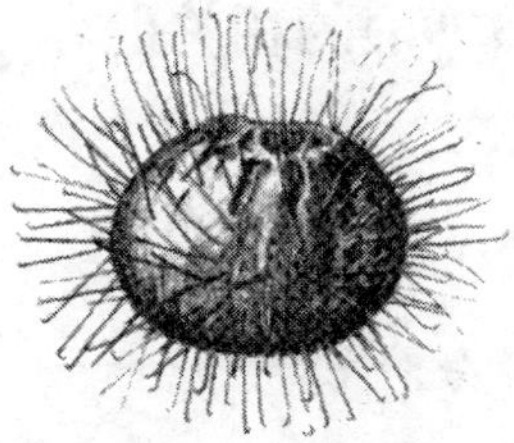

图 13.1　牛蒡果实

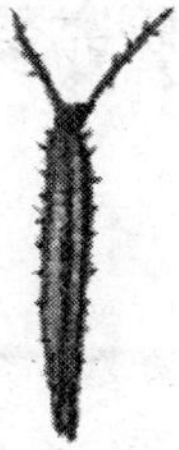

图 13.2　鬼针草

图 13.3　借助风传播的果实

借助重力传播：地球重力和物体形状也会结合在一起，把植物的果实从“父母”身边带走。栗树和七叶树等树木的果实成熟后掉落到地上，由于它们是圆的，就会滚出一段距离。

借助水传播：植物的果实和种子挣脱父母束缚的另一种方法是借助水漂流到远处。水生植物（生活在溪流、湖泊或海洋的植物）果实成熟后掉落到水里，让水流把它们带走。红树种子成熟后在树上发芽，发芽后长成的雪茄状植株掉落到浅海水域，然后在那里茁壮成长（图 13.4）。繁殖芽，正如它的名字一样，垂直漂浮在水中，一旦接触到合适的基质（植物生存所需的特定土壤环境），就会伸出锚状根固着在基质上，开启新生活。热带的椰子树果实也会掉落到水中，随着水流漂流到远方，甚至能够从一个岛屿漂到另一个岛屿。

图 13.4　红树繁殖芽

借助火传播：有些植物需要借助火传播种子。例如，短叶松的种子由具有保护作用的蜡质固着在球果上，只有借助火的热量才能把蜡质融化，否则，种子不会自动脱落。种子还需要在被烧过的基质中才能发芽。因此，在很多森林里，尺寸较小的植物想要开启新生命，火的重要性不言而喻。在一些国家公园里，工作人员会在火情可控的情况下主动烧除林区积累的可燃物（计划烧除），这样，新诞生的植物长势更好，而且与之争夺自然资源的对手也较少。森林大火有可能是天然发生的，如果某些地区没有天然火，我们就需要定期进行计划烧除，以保持该地的生态完整性。

《国家科学教育标准》(国家研究委员会,1996)的相关内容

幼儿园至4年级:生物的特征

•生物都有基本需求。例如,植物需要空气、水、养分和光等。

•每一种植物或动物都有不同的结构,它们在该植物或动物生长、生存和繁殖过程中发挥不同的作用。

幼儿园至4年级:生物的生命周期

•植物和动物的生命周期包括出生、成长、繁殖和死亡。生命周期的具体细节因生物种类不同而存在差异。

•植物或动物都跟它们的"父母"长得很像。

幼儿园至4年级:生物和环境

•一切生物都依赖植物。一些动物以植物为食,其他动物以这些动物为食。

•一切生物都会给它所处的环境带来变化。其中一些变化对该生物本身或其他生物有害,而有些变化则有益。

•人类需要依赖自然环境以及人为改变的环境。人类给自然环境造成的变化对其自身或其他生物既可能有益,也可能有害。

5~8年级:生物系统的结构和功能

•处于不同层次的各个生物系统在结构和功能上具有互补性。重要的层次包括细胞、组织、器官、完整的生物个体以及生态系统等。

•在多细胞生物体中,专门的细胞具有专门的功能。专门的细胞组合在一起形成组织,如肌肉。不同的组织又组合在一起形成更大的功能单位,被称为器官。每一类细胞、组织和器官都具有独特的结构和功能服务于整个生物体。

5~8年级:繁殖和遗传

•繁殖是一切生物系统都具有的特征,这是因为,没有任何一个生物能够永生,繁殖对于每个物种的延续都至关重要。有些生物采取无性繁殖方式,而有些生

物采取有性繁殖方式。

5～8 年级:调节和行为

• 为了在一个不断变化的外部环境中生存,一切生物都必须能够获得并使用资源、生长以及繁殖,并且保持身体内部状况的平衡。

• 生物的行为在对环境适应过程中不断进化。一个物种如何行动、如何获取食物、如何繁殖以及如何应对危险等,都是建立在该物种进化的历史基础之上的。

5～8 年级:种群和生态系统

• 生态系统能够养活的生物数量取决于可利用生物资源的多寡,并取决于非生物因素,例如光和水的数量多少、温度的高低范围以及土壤成分等。如有足够的生物和非生物资源,没有疾病或猎食者,生物种群(包括人类)数量将会快速增长。如果缺乏生物资源,再加上猎食者数量剧增以及气候变化等其他不利因素,则会限制生态系统中特定生态位的物种增长。

《科学素养基准》(美国科学发展协会,1993)的相关内容

幼儿园至 2 年级:生物的进化

• 植物和动物都有各自不同的外部特征,能够帮助它们在不同环境中生存。

幼儿园至 2 年级:生物的多样性

• 有些动植物的外表或行为相似,有些则差别很大。

幼儿园至 2 年级:遗传

• 在同一种群中,同一种生物的不同个体之间会发生变异。

• 后代与“父母”之间以及后代彼此之间都很相似,但是不完全相同。

3～5 年级:生物的多样性

• 我们可以采用不同特征对各种各样的生物进行分类,判断哪一种生物属于哪一个类别。

3～5 年级:生物的进化

• 同类生物的个体之间在特征方面存在差异,有时候这些差异能为个体带来生存和繁殖上的优势。

6～8 年级:生物的多样性

• 动物或植物具有多种多样的外部形状和内部结构,从而能够制造或寻觅食物以及繁殖后代。

6～8 年级:生物的进化

• 具备某些独特特征的生物个体比其他个体存活与繁衍后代的可能性更大。环境条件的变化会影响生物个体乃至整个物种的生存。

供幼儿园至 4 年级使用的故事

面对低年级学生,你可能需要解释"搭便车"的含义。你可以让他们列出动物与植物之间的区别,或者使用《发现学生的科学想法》(第二册)(基利、埃伯尔和塔古尔,2007)中的探究案例"它是一种植物吗?"。他们通常都会提到一个区别:植物不能移动,而动物能移动。

由于学生可能还不懂花朵在有性繁殖中发挥的作用,你可以让他们观察一下,从花园直接采摘下来的果实上面可能还残留一些花朵,而果实实际上就是由花朵变成的。商店里果实上的花朵在出售前已经被去掉了。尽管学生经常把某些植物的果实错当成种子(例如蒲公英、浆果、马利筋、榆树、梧桐、枫树和橡树等),我还是强烈建议你在该使用"果实"的时候就使用这个词。

春天是把学生带出去玩的好时机,可以让他们看一看植物从开花到结果的过程。如果你让学生参加"认养一棵树"或认养其他植物的活动,他们每天都能观察到植物发生变化:蓓蕾初绽,残花凋谢,硕果累累。你可以在 10 月使用"万圣节科学"(第十四章),该故事主要讲述南瓜及其种子的知识;到了来年春天可以接着使用本章故事,此时正是观察花朵和果实的最佳时机。

跟其他章节一样,我喜欢以"我们的最佳思维榜"开场,让学生把他们所了解的种子知识逐条列举出来。大多数学生都熟悉苹果、橘子、葡萄种子以及樱桃核等。也许他们都见过小鸟啄食树上的果实，但是并没有意识到种子被鸟吃下去之后会在其他地方排出体外。在春、夏季节，学生可能都会看到蒲公英、马利筋或柳树的果实漫天飞舞。他们还会注意到榆树、梧桐或枫树的果实宛如小直升机一般。一个值得学生讨论的问题是："种子和果实成熟后就会从它们的'父母'身边飞走，你认为它们这样做是为什么？"

接下来，你可以再提出一个问题："你们有没有发现，如果很多植物都挤在一个地方生活，会出现什么情况？"每年，当我们准备把室内植物放到户外给它们"放暑假"的时候，往往需要把它们移植到更大的容器中，因为它们经过一冬时间变得枝繁叶茂。有些植物在其他植物陪伴下长势更好，多数植物则不然。你可以问一问学生，如果兄弟姐妹侵入他们的私人空间，他们会有何感想？有些植物也需要自己的"私人"空间，但是可能出于不同的原因。

你可以帮助学生设计一项调查方案，让他们研究某些植物在生存空间过度拥挤时是否依然长势良好。一种方法是，参考种子（芥菜或萝卜种子就行）包装背面的说明书，看它是否建议播种时种子之间需要间隔一定距离。你可以提出如下问题：

- 说明书提出这条建议的原因是什么？
- 如果你不按照说明书的使用说明播种，而是让种子间距较窄，会造成什么后果？
- 如果我们把播种的数量增加到说明书建议数量的 10 倍，你认为会造成什么后果？
- 我们如何把按照上述方式播种得到的结果跟按照使用说明播种得到的结果进行比较？
- 在植物生长过程中，我们需要测量什么？
- 我们需要让播种盘里的哪些东西保持不变？
- 我们在照料植株时，需要让哪些东西保持不变？

调查结束后，学生应当能够看出植物需要一定的空间、适量的水和充足的阳光。拥挤环境中的植物通常细长、羸弱。学生由此应当能够明白，为什么说种子远离"父母"对它们而言是一种优势,因为这样它们可以避免跟"父母"争夺生存所需的各种条件,从而能够茁壮成长。

这件事做完以后,接下来你最好带学生出门去搜寻各种种子,以便让他们看看植物是如何利用果实的形状和结构帮助自身避开拥挤不堪的环境的。如果你真打算外出搜寻种子,那么秋天是安排这一活动的大好时机。橡子已经掉落,牛蒡正在搭便车旅行,马利筋在空中飞舞。植物的果实大小不等,有的很大,有的很小,还有的藏在瓜和葫芦里。当然不要忘记还有苹果、樱桃和树莓之类的果实。你可能会错过枫树和桤木的果实,因为它们老早就已经掉落,不过此时地上可能还会残留一些。(或者,你可以在春天收集这些翅果,以便秋天向学生展示)秋季还是讲授"万圣节科学"(第十四章)的好时机,因为南瓜的果实和种子里装满了科学奥秘。

你可以借此机会向学生展示植物的形式和功能之间存在什么关系。这个年龄段的学生应当能够看到任何植物的"形式"都与它发挥的功能相关。能够飞行的小"直升机"、带钩子的"搭便车"旅行者以及被动物吃掉的美味果实等,这些例子充分说明了形式和功能的关系——一个非常重要的概念。你可以让学生制作一些海报,描绘各种不同植物的形状(形式)以及它们传播种子的方式。一旦学生仔细观察不同植物的果实,就不难发现种子是如何传播出去的,因为果实的结构在种子传播过程中发挥着重要作用。

供5~8年级使用的故事

听完本章故事,这个年龄段的学生已经迫不及待地想要出去搜寻种子。如果你在他们出门前先讲一讲"形式和功能"的概念,肯定会对搜寻活动大有帮助。第一步,让学生把他们所了解的种子传播知识逐条列举出来,填入"我们的最佳思维榜"。如果他们错把果实当成种子,你应当及时予以纠正。其实很简单,植物学家对"果实"的定义是:被子植物的雌蕊经过传粉受精,由子房或花的其他部分参与发育而成的器官。你可以让学生回顾一下关于植物器官的知识,找出花朵的雌蕊和柱头,这样就能看到雌蕊受精后膨大的子房。

你可以让学生列出他们认为的种子传播的各种方式,问一问他们"为什么种子与'父母'隔开一段距离很重要"。你还可以向学生提出上一节关于植物生存空间拥挤会造成什么后果的系列问题。有些植物(例如莴苣)生活在拥挤的环境中似乎不会受到不良影响，但是，其他一些植物（例如芥菜、萝卜或豌豆）的生存实践充分证明，它们在拥挤的环境中不得不与其他植物争夺各种有限的资源，结果变得细长、羸弱。

当你认为学生已经充分掌握了关于果实和种子的知识，可以利用果实的形式和功能来分辨植物传播的方法，就可以组织学生开展户外活动了。如果你能够带领学生到学校附近搜罗果实，就会给学生提供一个绝佳的实地考察的机会。如果你出于某种原因不能亲自带领学生外出活动，也可以给他们布置一项家庭作业，让他们把果实样本以及相关观察记录带来学校。面对众多不同的样本，学生可以进行深入细致的观察，把每种果实或种子都画出来，并根据形式和功能对它们逐一归类。这样，你和学生既解决了本章故事提出的各种问题，也完成了两份国家标准文件规定的教学任务。

相关书籍和美国科学教师协会期刊文章

Driver, R., A. Squires, P. Rushworth, and V. Wood-Robinson. 1994. *Making sense of secondary science: Research into children's ideas.* London and New York: Routledge Falmer.

Keeley, P. 2005. *Science curriculum topic study: Bridging the gap between standards and practice.* Thousand Oaks, CA: Corwin Press.

Keeley, P., F. Eberle, and C. Dorsey. 2008. *Uncovering student ideas in science: Another 25 formative assessment probes, vol. 3*. Arlington, VA: NSTA Press.

Keeley, P., F. Eberle, and L. Farrin. 2005. *Uncovering student ideas in science: 25 formative assessment probes, vol. 1*. Arlington, VA: NSTA Press.

Keeley, P., F. Eberle, and J. Tugel. 2007. *Uncovering student ideas in science: 25 more formative assessment probes, vol. 2*. Arlington, VA: NSTA Press.

Konicek-Moran, R. 2009. *More everyday science mysteries*. Arlington, VA: NSTA Press.

参考文献

American Association for the Advancement of Science (AAAS).1993. *Benchmarks for science literacy.* New York: Oxford University Press.

Keeley, P., F. Eberle, and J. Tugel. 2007. *Uncovering student ideas in science: 25 more formative assessment probes, vol. 2*. Arlington, VA: NSTA Press.

Konicek-Moran, R. 2008. *Everyday science mysteries*. Arlington, VA: NSTA Press.

National Research Council (NRC). 1996. *National science education standards*. Washington, DC: National Academies Press.

第十四章
万圣节科学

10 月凉意袭人的一天，史黛拉（Sella）和父母一起前往农贸市场，准备挑一个南瓜做南瓜灯。他们已经确定好了几个目标。首先，找一个最好看的南瓜刻成南瓜灯用来装点万圣节，其次，找一个种子最多的南瓜用来做腌南瓜子当零食吃。史黛拉一家都很喜欢吃南瓜子，并且有一个腌南瓜子的美味秘方。他们来到农贸市场，遍地都是大小不同、形状各异的南瓜，看得他们眼花缭乱。他们究竟如何才能找到心目中那个完美的南瓜呢？还有，怎么才能知道哪个南瓜的子是最多的？

“我觉得，最大的那个南瓜肯定有最多的南瓜子。很显然，南瓜越大，子就越多。”史黛拉说。

“看看南瓜表皮的棱纹是多还是少，它们能告诉你哪个南瓜的子最多。”爸爸说道。

“我觉得最重的南瓜子最多，”妈妈说，“因为南瓜越重，里面的东西越多。”

“可是，妈妈，最重的南瓜肯定也最大，对吧？而且里面的东西也不只是南瓜子，对吧？”

“不一定。我们挑几个大的和小的掂掂看，”爸爸说，“至于南瓜里面的瓜瓤，让我们好好想想它有什么用。也许我们把南瓜切开，就能看出来它的用途。”

最后，他们买了好几个南瓜，带回家去寻找上述问题的答案。等到他们着手认真研究南瓜，反而遇到了更多问题。

目的

南瓜是学生进行科学研究的完美对象，因为这种秋收果实虽然品种繁多，却一概具备果实的一些共同特征，这些特征不会随个体差异而变化。南瓜不仅给儿童和成人带来乐趣，而且可能是秋收果实中最受人们喜爱却又容易被误解的一种。这篇故事将为学生提供大量的机会，让他们参与科学调查并通过直接观察来解答他们提出的大部分问题，他们的科学研究技能也将得到提高。

这篇故事与历史、文化和节假日暗含着诸多联系。许多人都承认，他们在万圣节花在挑选南瓜的时间远远多于在圣诞节挑选圣诞树的时间。在我班就读的本科生年龄都在 21 岁左右，其中至少 20％的学生说他们从来没有雕刻过南瓜灯。文化缺失竟然达到这种程度？

相关概念

- 果实和种子
- 变异
- 测量
- 估算
- 密度
- 科学研究

不要惊讶

学生在比较不同东西的时候往往会认为“越大越好”。他们很自然地认为，南瓜越大里面的子越多，表面的棱纹也越多。这一点也许是对的，但是需要具体数据来支撑。学生通过实验研究将会取得确凿的证据。

内容背景

南瓜往往被认为是一种带有神秘色彩的葫芦科果实。实际上，南瓜与黄瓜、西葫芦和瓜（西瓜）等是近亲关系，同属于葫芦科。南瓜的拉丁文名字是 Cucurbita pepo，它实际上是一种独特的果实，一种叫做瓠果（pepo）的特殊浆果。

如果你仔细想想,就会发现以上提到的所有果实的果肉中都含有大量种子,并具有坚硬的外皮。(记住,在植物学术语中,很多我们称为蔬菜的东西实际上都是果实!)南瓜内部是一团黏糊糊的瓜瓤,里面密布着大量南瓜子。瓜瓤对南瓜灯制作者而言是最难处理的地方,它是内果皮的一部分,即被称为“果皮”的肉质部分内层,而果皮也就是人们食用的那部分。这团绵软的瓜瓤富含水分,如果你用手把它掏出来,会觉得它很黏滑。不过,这是必需的步骤,回报就是得到美味可口的南瓜子。把南瓜子从内果皮里剥离出来,烘焙熟后可以食用。这也是制作南瓜灯乐趣之余的额外犒赏。

你也许能看见每个南瓜子的尖头那端连着很细的丝。这可能是花粉管,南瓜花的胚珠需要通过它受精。这些细丝不太容易被发现,似乎我们也没必要去费那个劲。

南瓜子营养丰富,含有镁、磷、锌、铁、铜、蛋白质和维生素 K 等。有一些证据表明,食用南瓜子有益于健康,比如减轻前列腺肿大,但这还没有得到科学证实。此外,南瓜子经烘焙箱烘焙熟后还是一道美味零食。

南瓜子具有繁殖能力,可以晾干后播种。南瓜里面含有的种子数量各不相同,较大的南瓜通常含有的子较多,子的个头也较大。有人专门培育巨型南瓜,在展览会上展出,有的甚至重达 1 000 磅以上。但是,对本地种植者而言,平均重量为 1～20 磅的小南瓜在万圣节期间更有利可图,在此期间,许多北美家庭的门廊下和草坪上到处点缀着刻有脸谱和内置蜡烛的空心南瓜灯。

很多食谱都建议使用南瓜罐头来做南瓜甜品,其实,我们可以直接使用南瓜,将南瓜去掉外皮之后,切开果皮(果肉)就可以制作美味佳肴。如今,南瓜派显然是美国感恩节餐桌上的一道标志性菜肴,据说,1621 年在普利茅斯举办的第一届感恩节甜品就是用南瓜做的,但是这一说法尚未得到证实。有趣的是,多数南瓜罐头其实是用哈伯德南瓜(Hubbard squash)做的,这种南瓜比普通南瓜更甜一些。

南瓜花是雌雄同株的(一株植物上分别长有雄花和雌花),由大黄蜂或蜜蜂进行授粉。由于南瓜的一朵花不同时具备雄性和雌性器官,所以被称为不完全花。而一朵花同时具备雄性和雌性器官,则被称为完全花。通常雄花比雌花出现得稍微早一些。如果雌花没有受粉,则花朵凋谢,不结果实。已经受粉的花朵容易被辨别出来,因为雌花在受粉之后,其花柄底部会膨胀。花朵在白天开放的时间很短,也许下午就会闭合。它们只会为了受粉盛开一到两天,所以蜜蜂往往来不及完成授粉任务。由于南瓜花不是自花受粉，下一代的果实就可能会出现较多变异。

南瓜花可以食用。互联网上有不少相关的美味食谱，例如烘焙南瓜花馅饼或蒜炒南瓜花等。这样可以为全班学生带来一道美餐，增加科学研究的有趣。

说一句跟历史有关的题外话，据说是爱尔兰人把万圣节那天用果实雕刻鬼脸以及制作灯笼的风俗带到新大陆的，但是，因为爱尔兰当时还没有种植南瓜，所以他们只能使用萝卜。他们来到美国以后，惊喜地发现使用南瓜更合适。

《国家科学教育标准》(国家研究委员会，1996)的相关内容

幼儿园至 4 年级：从事科学研究需要具备的能力

- 就环境中的物体、生物或事件提出一个问题。
- 制订简单的调查计划并付诸实施。
- 利用简单的设备和工具收集数据并拓展感官能力。
- 根据数据做出合理解释。
- 把自己的调查结果和科学解释拿出来与他人分享。

幼儿园至 4 年级：生物的特征

- 生物都有基本需求。例如，动物需要空气、水和食物等；植物需要空气、水、养分和光等。生物只有在其需求可以得到满足的环境下才能生存。
- 世界上有许多不同的环境，不同环境养活的生物类型各不相同。
- 每一种植物或动物都有不同的结构，它们在该植物或动物生长、生存和繁殖过程中发挥不同的作用。

幼儿园至 4 年级：生物的生命周期

- 植物和动物的生命周期包括出生、成长、繁殖和死亡。生命周期的具体细节因生物种类不同而存在差异。
- 植物或动物都跟它们的父母长得很像。

5～8 年级：从事科学研究需要具备的能力

- 通过科学调查确定研究课题。

• 制订科学调查计划并付诸实施。

• 利用适当的工具和技巧对数据进行收集、分析并解释。

• 运用批判思维和逻辑思维建立证据和解释之间的关系。

5~8 年级:生物系统的结构和功能

• 处于不同层次的各个生物系统在结构和功能上具有互补性。重要的层次包括细胞、组织、器官、完整的生物个体以及生态系统等。

5~8 年级:繁殖和遗传

• 繁殖是一切生物系统都具有的特征,这是因为,没有任何一个生物能够永生,繁殖对于每个物种的延续至关重要。有些生物采取无性繁殖方式,而有些生物采取有性繁殖方式。

5~8 年级:生物的多样性和适应性

• 数百万种动物、植物和微生物生活在当今这个世界。尽管不同物种外表形态各异,但是,通过分析生物身体内部结构的一致性、化学反应过程的相似性以及拥有的祖先相同,可以找出它们的共性。

《科学素养基准》(美国科学发展协会,1993)的相关内容

幼儿园至 2 年级:科学研究

• 人们往往单凭仔细观察周围的事物就能够学到一些东西,不过,有时候,人们在对那些事物做些什么之后再进行观察,能够学到更多东西。

• “能够尽量准确地描述事物”在科学研究中非常重要,因为它能够让你把自己观察到的结果与他人观察到的结果进行比较。

• 当人们对同一个事物的描述大相径庭的时候,比较好的做法是,重新进行观察,而不是进行无谓的争论。

幼儿园至 2 年级:生物的多样性

• 有些动植物的外表或行为相似,有些则差别很大。

• 植物和动物都有各自不同的特征，能够帮助它们在不同环境中生存。

3～5 年级：科学研究

• 科学研究的结果很少会一模一样，但如果差异过大的话，就有必要弄明白其中的原因。在研究过程中必须严格按照指令去做并认真做好记录，好处之一就在于，一旦结果出现差异，便于查找哪一个环节出了问题。

• 如果有人声称自己知道某种东西的工作原理，科学家们往往会不屑一顾，除非他能够提供充分的证据，而且他的推理过程符合逻辑。

3～5 年级：生物的多样性

• 我们可以采用不同特征对各种各样的生物进行分类，判断哪一种生物属于哪一个类别。

• 根据目的不同，我们在对生物进行分类时采用不同的特征。

6～8 年级：科学研究

• 如果在实验中同时发生变化的变量不止一个，那么我们很难弄清楚影响实验结果的是哪一个变量。虽然我们并非一定能杜绝外部变量对实验产生干扰，但是，只要研究人员在实验过程中齐心合力，通常能够解决这类问题。

6～8 年级：生物的多样性

• 动物或植物具有多种多样的外部形状和内部结构，从而能够制造或寻觅食物以及繁殖后代。

• 对有性繁殖的生物而言，一个物种包含所有能通过交配产生子孙后代的生物个体。

在幼儿园至 4 年级中使用这个故事

如果你想把科学与阅读结合起来，我推荐卡伦·安斯伯里（Karen Ansberry）和埃米莉·摩根（Emily Morgan）（2008）在《科学和儿童》杂志上发表的一篇文章《南瓜》。他们提到了几本面向低年级学生的内容浅显、妙趣横生的科普读物，这些读物着重探讨了本章故事涉及的一些概念。

对那些具有探索精神的教师而言，南瓜可谓是最佳研究对象，因为它就像一个实验室，里面充满了各种各样可供研究的问题。而对低年级孩子而言，南瓜也是他们非常熟悉的东西。事先准备几个大小不同的南瓜供学生研究，这一点很重要，但是，你们也应当注意节约。我们往往以为南瓜越大越好，然而较小的南瓜（大约有我们的头那么大或者再小一点）更便于课堂操作，它们与大南瓜在属性各方面是一样的，而且花费较少，容易管理。你可以准备一个大南瓜供学生比较大小时使用，而做实验时通常使用小南瓜就行了。

你还可以准备几套物有所值的雕刻南瓜的工具，其中的安全小刀不会伤害到孩子们的手。做漂浮实验时，较小的南瓜引起的问题较少，并且在三四年级学生做密度和体积研究时也更容易操作。

作为开场白，我通常会首先问问学生对南瓜已经了解了哪些知识以及他们还想了解什么。由于他们在家庭里通常都参加过跟万圣节南瓜有关的活动，肯定会有很多话要说。如果你班上有来自其他文化背景的学生，你可以调查一下，看看他们的文化传统是否与我们有相类似的地方，例如，在节日期间也使用南瓜或其他果实以示庆祝。如果你班上有英语语言学习者，这一点就尤其重要，因为他们可以借此机会用英语表达自己的亲身经历。

一些学生可能从来没有接触过南瓜。你可以借此机会让所有学生一起观察南瓜并列举出一切值得记录的信息，包括尺寸、重量、种子数目、棱纹数目以及南瓜茎的尺寸和特征等。此外，你可以问问他们认为南瓜是怎样形成的。你最好准备一个电子体重秤，因为大多数南瓜不适合用普通的天平来称重。

学生列举了自己的观察结果后，你可以引导他们提出如下问题：

- 我们如何才能挑出最大的那个南瓜？
- 我们用重量还是尺寸来判断哪个南瓜最大？
- 每个南瓜有多少粒种子？
- 南瓜越大，种子越多吗？
- 南瓜越大，种子越大吗？
- 大南瓜表皮的棱纹数量会比小南瓜多吗？
- 南瓜能在水中漂浮吗？

- 如果能漂浮，它是直立的、侧着的还是倒立的？
- 南瓜内的细丝与南瓜子是相连的吗？
- 南瓜子位于南瓜内部的什么位置？
- 每个南瓜的重量是多少？

以上每个问题都可以让学生分组进行直接调查。学生把南瓜子掏出来放在桌上以后，你可以让他们猜猜自己的南瓜里有多少个种子，这样做主要是为了活跃气氛。然而，在学生回答其他问题的时候，你都应当让他们给出自己的理由。

你也可以借此机会给学生讲一讲"估算"的知识。等学生把南瓜子掏出洗净，摘去细丝，铺在桌面的报纸上，你可以问一问他们是否有办法估算南瓜子的数量，而不是一个一个地去数。你可以教学生用十个、五个、两个一组来计数。南瓜子被分成若干组后，你就可以帮助他们计算出南瓜子的总数。也许有些学生能想出你都想不到的方法来估算种子的数量。

如果学生们对结果有所怀疑，你也可以让他们一个一个地数一遍，以此验证估算的准确度。在科学实验中，这种技巧被称为"质量控制"。在细菌学实验室，技术人员利用这种技巧检查培养皿上微生物种群的数量是否精确。实验室的技术人员常常采用不同的方法来估算种群数量，然后通过质量控制检查估算的精确度。

把南瓜子洗净晾干以后，你可以利用各种食谱制作不同风味的南瓜子。你应当事先了解一下学生是否存在饮食禁忌，然后选用最适宜的食谱。你们不妨留一些南瓜子用来播种。这些种子会长出两片子叶，因为它们是双子叶植物。对学生而言，观察一株幼苗开始新的生命周期是一项令人兴奋的体验，尤其，这时候他们已经与南瓜建立了充满友爱的持久关系。

在5～8年级中使用这个故事

面对高年级学生，我往往以我最喜欢的一个南瓜活动作为开场，我称之为"南瓜 π"①。把学生分成若干小组，每组一个南瓜，首先让他们测量南瓜的周长，并想办法测量直径。在教室黑板上或者在画架纸上画一个图表，然后在上面画出不同

① 此处作者利用了"南瓜 π"与"南瓜派"读音相同的谐音修辞手法——译者注

区域，分别记录南瓜的周长、直径以及周长与直径之比。每组学生对自己的南瓜进行测量和计算，然后把结果展示给全班同学。最终的计算结果都会约等于数值 π。

许多学生都在数学公式中用到 π，却不知道这个数值是如何得来的。甚至一些成年人曾经对我说，他们认为 π 是个神奇的数字。圆圈、纸盘、自行车轮胎或垃圾桶等任何圆形的东西，如果我们用其周长除以直径的话，都能得出数值 π。南瓜派这个活动将帮助学生们在很长一段时间内都能铭记圆周与直径的关系。

初中生能够在这个活动中用到大量数学知识。他们可以用排水量计算南瓜的体积。我发现，把盛满水的垃圾桶置于一个更大的容器中是用来测量体积的好办法。从垃圾桶溢出来的水正是南瓜排出的水量，也就是南瓜的体积。因为南瓜会浮起来，你可能需要用叉子或其他工具把南瓜按到水里，然后把溢出的水倒入量器中。同样，学生也想如法炮制，把南瓜掏空看看南瓜能装多少水。他们可以直接将水倒入被掏空的南瓜里，然后把水倒入量器测量水量。

在接下来进行密度和浮力研究之前，你应当提醒他们注意，已经打开并掏空的南瓜与完整的南瓜密度大不一样。以掏空的南瓜为例，一旦把南瓜放入盛水的垃圾桶中，水就会首先装满南瓜的空心部分，所以南瓜排出的水量将会大为减少，这样测量出来的只是南瓜果皮部分的体积。告诫学生务必要小心翼翼地把南瓜侧着放入水中，以免南瓜在整体没入水中之前有任何水溅出容器。他们会发现从垃圾桶溢出来的水少了很多，而南瓜果皮的密度也变小了。怎么会是这样？这可能会引发一场讨论，学生也会在这次实践中进一步加深对密度概念的理解。你可以问一问学生，他们在把完整的南瓜和掏空的南瓜分别按入水中时，感受到的向上的力量是否有所不同。让他们注意观察、比较掏空的南瓜与完整的南瓜在水中漂浮高度的高低有什么不同。学生们有可能需要用到公式“密度＝质量/体积”，来查看南瓜的各个部分密度是否相同。

此外还有其他一些可供研究的问题，即使学生没有提出来，你也可以问他们：

- 南瓜子是任意排列还是有序排列？
- 连接南瓜子的细丝是否与南瓜内壁相连？
- 南瓜表面的棱纹与南瓜子之间有关系吗？
- 较大的南瓜是否比较小的南瓜棱纹更多？
- 棱纹较多的南瓜，子也较多吗？

- 棱纹越多意味着南瓜子越多吗？
- 一个南瓜里的所有南瓜子大小都一样吗？
- 如果大小不一样，你有没有发现哪个位置的子较大或较小？
- 把南瓜各个部分切开，看看哪个部分在水中会漂浮，哪个部分会下沉？
- 如果南瓜能够在水中漂浮，小南瓜与大南瓜漂浮的高度哪个较高或较低？
- 如果把一粒南瓜子浸泡一夜，它里面能否长出一小株植物？如果浸泡两个晚上呢？

如果你想了解更多关于南瓜研究的信息，请查阅埃琳·赛克斯(Erin Sykes)和唐娜·斯特林(Donna Sterling)(2006)在《科学视野》(Science Scope)杂志发表的一篇文章《对南瓜的评价》，该文主要探讨如何在初中生中开展南瓜测量与观察的活动。

相关书籍和美国科学教师协会期刊文章

Driver, R., A. Squires, P. Rushworth, and V. Wood-Robinson. 1994. *Making sense of secondary science: Research into children's ideas.* London and New York: Routledge Falmer.

Keeley, P. 2005. *Science curriculum topic study: Bridging the gap between standards and practice.* Thousand Oaks, CA: Corwin Press.

Keeley, P., F. Eberle, and C. Dorsey. 2008. *Uncovering student ideas in science: Another 25 formative assessment probes, vol. 3.* Arlington, VA: NSTA Press.

Keeley, P., F. Eberle, and L. Farrin. 2005. *Uncovering student ideas in science: 25 formative assessment probes, vol. 1.* Arlington, VA: NSTA Press.

Keeley, P., F. Eberle, and J. Tugel. 2007. *Uncovering student ideas in science: 25 more formative assessment probes, vol. 2.* Arlington, VA: NSTA Press.

Konicek-Moran, R. 2008. *Everyday science mysteries.* Arlington, VA: NSTA Press.

Konicek-Moran, R. 2009. *More everyday science mysteries.* Arlington, VA: NSTA Press.

参考文献

American Association for the Advancement of Science (AAAS).1993. *Benchmarks for science literacy.* New York: Oxford University Press.

Ansberry, K., and E. Morgan. 2008. Pumpkins. *Science and Children* 46 (2): 18–20.

Sykes, E., and D. Sterling. 2006. Assessment with pumpkins. *Science Scope* 30 (2): 25–29.

National Research Council (NRC). 1996. *National science education standards.* Washington, DC: National Academies Press.

物理学

核心内容	发热的衣服？	打滑的玻璃杯	圣伯纳德犬	佛罗里达汽车	会跳舞的爆米花
力	×		×	×	×
实验设计	×	×	×	×	×
科学研究	×	×	×	×	×
物质的属性	×	×	×	×	×
能量	×	×		×	×
状态的变化		×			
材料的属性	×			×	×
热量和温度	×	×			
物质的结构		×		×	×
材料的属性性能	×			×	×
分子	×	×		×	
状态的变化		×		×	
化学键				×	×
化学变化				×	
热力学	×	×			
能量转换	×	×			
温度	×	×			
重量和质量的变化			×	×	
浮力					×
密度					×

第十五章
发热的衣服？

“穿上暖和的衣服，戴上手套。”伊恩(Ian)正准备出门去学校，妈妈在客厅里喊道。伊恩知道跟妈妈顶嘴也没有用，况且外面确实寒风凛冽。于是，伊恩来到衣柜跟前，拿出了羊毛内衬夹克和羊毛手套，另外，他还拿出了滑雪帽，也是羊毛的。

“就算我穿得像个学龄前儿童那样臃肿，但还是暖和一点好啊。”伊恩想。

当他在门厅处穿上夹克、戴上手套的时候，却感到夹克和手套都很凉。

“我想,它们可能需要过一些时间才能暖和起来,”伊恩想,“也许真正冷的时候,它们才能够开始产生热量吧。”

伊恩向校车停靠站走去。因为他今天出门比平时早,所以不用着急,到了停靠站,他和其他几个孩子一起站在那里等车。他很高兴地发现,其他孩子都跟他一样穿得很暖和。孩子们饶有兴趣地看着自己从嘴巴和鼻子呼出的气体在冷风中变成白色的云雾。

此时,伊恩注意到他的手已经很暖和。尽管凛冽的寒风顺着街道从他们等车的地方吹过,他感觉到身体其他部位也都变得暖和起来。

“我想我是对的。”伊恩对站在身旁的保罗(Paulo)说。

“什么是对的?”保罗问。

“外套和手套在你穿戴好之后,需要经过一段时间才能散发热量。它们在衣柜里的时候非常凉,但是现在我穿戴好之后过了一段时间,就能感觉到它们发热了。”

“手套和外套散发热量?你在胡说什么呀,哥们?”保罗说,“你的手套是电加热的,还是什么样的?”

“都不是,就是普通的羊毛手套,跟大家的一样。”伊恩解释说。

“那你说手套会发热,是怎么回事啊?”

“是这样,妈妈让我戴上手套,她说这些东西能‘保暖’。我猜,它们肯定能产生大量的热而让我感到暖和。”

“也许放学后你把手套放在炉子里,就能烤出馅饼来。”保罗戏谑道。

“别傻了。不过,经你这么一说,我在想,手套到底是从哪弄来的热量呢?它们一直在衣柜里,我拿出来的时候还是凉的。等我戴上之后,它们就开始产生热量,让我感到暖和起来。”

保罗笑了笑,说道:“我可以告诉你手套的热量是从哪来的,不过,你最好还是自己去找出答案。”

伊恩到了学校之后便去向老师请教,这位老师平时对学生的问题都是一副爱理不理的样子,不过这次却很积极,他问伊恩能否设计一个实验来看看手套以及其他“暖衣”是否真的能够产生热量。

“好哇,我觉得我能做到。”伊恩说。

目的

你的学生是否认为羊毛之类的绝缘物质能够产生热量？我们的研究表明，很多学生都会这样认为，尤其是低年级学生。这个故事旨在鼓励学生把自己的想法向老师和盘托出，并鼓励他们在教室里通过实验验证自己的想法是否正确。你的学生尽管可能会相信衣服不会给温度带来变化，但是仍然坚持认为暖和的衣服能产生热量。只有经过很长时间，只有经过不断积累经验，他们最终才能明白过来。这个故事的目的就是给学生提供机会去获得这样的经验。

相关概念

- 热
- 能量
- 绝缘
- 温度

不要惊讶

我们发现，至少四年级以下的学生都会认为手套、夹克或外套、睡袋、地毯、毛毯以及其他用来保暖的东西能够产生热量。这一错误观点很难纠正，因为他们相信，只要时间足够充分，热量最终肯定会出现。他们可能会设计一个实验方案来比较放在衣服里的温度计和放在室温环境的温度计，并且期待看到两者存在明显差异。当他们看到两者并无差异时，便会认为实验方案设计不合理，然后通过改变变量来重新进行实验。要想让学生认识到他们的身体才是热量来源，非常困难。你可以参考沃森(Watson)和科尼赛克(Konicek)(1990)发表在《卡潘》(Phi Delta Kappan)杂志上的一篇文章，看一看一名教师是如何处理这一棘手问题的。

内容背景

“热”被定义为能量从较热物体向较冷物体的流动过程。热源是指那些自身能够以辐射形式散发热能的物体，而辐射是指物体以电磁波或粒子的形式把能量散发到周围环境。热源有很多,例如太阳、灯泡、炉子、放射性材料以及能够进行新陈代谢的生物(包括人)等。如果一种物质比周围其他物质含有的热能高,那么它也可以被称为热源。

热能进入某个固体以后,就会导致该固体分子运动速度加快,使其温度升高。这就是为什么一壶水在太阳直射下或是放在点燃的炉子上温度会升高。水分子振动速度开始加快,如果你把温度计插入水中,就会看到温度计显示的温度升高。

在很多情况下,我们需要把热能留住,或者阻止热能进入某一物质或领域。我们的住房都是以"绝缘"材料建造而成,旨在减少热能在室内与室外之间流动或者避免激活热分子的运动。绝缘材料包括石棉瓦、泡沫塑料以及空气等。你可以想一想常见的泡沫保温箱,关键在于能量或热的运动,而保温箱的作用是不让热能轻易进入箱内或从箱内散发出来。绝缘材料可以让我们的房间冬暖夏凉。

手套、外套、围巾、睡袋以及内衣保暖的原理跟上述绝缘材料相同,它们都是被用来降低热量转移的速度。我们之所以穿衣服,是因为衣服能够阻止身体的热量流失到空气中(当然,衣服还有遮羞蔽体的作用)。在较冷的气候环境中,手套和外套非常必要,因为它们能够防止宝贵的身体热量流失,避免造成身体不舒服或更可怕的后果。一个人处在寒冷的环境中或浸泡在冰冷的水中,如果他没有穿衣服或其他绝缘材料的话,那么体内的热量就会以很快的速度离他而去。这样就容易引发"低体温症",即体温降到非常低的程度,以至于身体机能也变得很慢,甚至停止,也就是接近死亡的边缘。

有些衣服确实能够发热,但是这些衣服要么是配备供电系统(通常使用充电电池作为能源),要么是使用化学能量包。然而,在通常情况下,手套不会产生热能,它只能起到绝缘作用。手套截留了手部产生并散发的热能,而这部分热能把手与手套之间一层薄薄的空气加热。如果你在手套与手之间插入一个温度计,测出的温度将会跟戴手套的人的体温非常接近。由于会有一些热能流失,因此这层空气的温度跟戴手套的人的体温不可能完全一样,但是这样的温度足以让人感到舒适。

经常会有人建议我们冷天要多穿几件衣服。这样做不仅方便我们可以根据外界温度变化而适当增减衣服,而且每两层衣服之间有一层空气,由于空气是一种很好的绝缘体,所以这层空气能够充分发挥绝缘作用。

《国家科学教育标准》(国家研究委员会,1996)的相关内容

幼儿园至 4 年级:光、热、电和磁

• 热的产生有多种方式,例如燃烧、摩擦或两种物质的混合等。热可以从一个物体转移到另一个物体。

5~8 年级:能量转移

• 能量是很多物质的属性之一,与热、光、电、机械运动、声音、核能或化学变化的性质有关。能量转移有多种方式。

• 热量转移具有可预见性。热量总是从较热物体向较冷物体转移,直到两者达到相同的温度。

《科学素养基准》(美国科学发展协会,1993)的相关内容

3~5 年级:能量转化

• 机械工具和电动工具能够产生热能,两个物体之间相互摩擦也能产生热能。

• 把较热物体和较冷物体放在一起,前者失去热量,后者吸收热量,直到两者达到相同的温度。

• 不良导体能减少热量损失。

6~8 年级:能量转化

• 能量既不能凭空产生也不能被毁灭,只是从一种形式转化为另一种形式。

• 能量以不同形式存在。热能是分子的不规则运动。

在幼儿园至 4 年级中使用这个故事

一旦你给学生读完故事之后,就会发现他们认同伊恩的观点,并且准备设计实验方案加以验证。你可以把学生分成伊恩派和保罗派两个派别。你可以使用《了解学生的科学想法》(第一册)(基利、埃伯尔和法林,2005)一书中的探究案例“手套

问题”了解学生的想法。这样做其实并非特别有必要,因为本章故事完全可以帮助你引出学生的观点。然而我们发现,在有些班级中,该探究案例可以激发那些平时不积极学生的探索热情。跟往常一样,我建议你使用“我们的最佳思维榜”来记录学生的各种观点。

大多数学生将会同意把一个温度计放在一件衣服里面,把另外一个温度计放在衣服旁边,等到过了(学生商定好的)一段时间之后,来比较这两个温度计的读数。一旦实验开始,学生就会发现衣服(或手套等其他用来做实验的物品)中的温度计读数没有发生变化,他们肯定会对这一现象迷惑不解,从而不断修改计划而继续进行实验,这样,一个实验演变成一系列实验(注意,我这里强调是“系列实验”)。你对此一定要有心理准备。你可以帮助他们设计公平实验,确保两个温度计在实验开始之前的读数是相同的。

学生在实验中肯定会把各种物品都尝试一遍,比如说手套、睡袋、外套、地毯或羊毛帽子等,所以你最好把这些东西都备齐。学生甚至可能坚持让你把这些东西放在塑料袋子里,为的是“阻止寒气(或寒流)进入袋子”。

当然,这一切措施都无济于事。做实验的地点也不会对最终结果有什么影响,因为两个温度计是紧挨着的。请注意,偶尔也可能会出现一度左右的微小差异,你可以跟学生讨论什么叫“明显差异”,而一度的差异是不是因为程序或设备问题造成的。毕竟,那些认为手套会发热的学生期待看到的温度差至少是两位数。

你班里也可能会有一两个学生像保罗那样对科学概念懂得比较多。其他有些学生可能认为,手套能够把温度计与室内环境隔离开来,然而,经过一段时间之后,他们预想的情形并没有出现。你甚至可以让学生进行长期实验,过很长一段时间之后再去读温度计的读数。那些使用过老式口腔体温计的学生可能会重点关注时间这个因素,根据他们的经验,要把温度计放在嘴里至少 3 分钟的时间,因此他们会觉得“时间是一个重要因素”。我们曾遇到一些学生,他们固执地认为,如果他们把温度计放上一年时间,结果肯定会不同。

正如我在上文建议的那样,你最好读一读沃森(Watson)和科尼赛克(Konicek)合著的一篇文章《为转变观念而教学》(1990)。该文讲述一名教师是如何花了好几天时间给学生上这一课,然后才给他们介绍新概念“手套能够阻止体温散失”的。正如文中所说,学生想到可以把温度计放在帽子底下测试,他们甚至连“出去休息的时候帽子底下还带着实验”。

放在衣服里以及放在衣服旁边的温度计读数始终都是相同的。学生最终都会不情愿地接受这样一个事实，而且他们仍然不明白结果为什么会是这样。你可以问一问学生哪些东西能够产生热量，然后把话题引向人体这个热源，你可以点拨他们一下，接着问一问他们能否看出他们所做的实验与人体之间有没有联系。一些学生可能还会有抵触情绪，不过，这也很正常。要让他们把这些概念关联起来，明白他们所穿的衣服（绝缘材料）能够阻止身体热量散发出去，可能需要相当长一段时间。至少，你已经为学生的好奇心打开了一扇门，让他们获得了一些亲身经历，他们最终将会欣然接受科学的结论。

在5～8年级中使用这个故事

高年级学生比低年级学生老练得多，他们可能不会轻易相信暖和的衣服能够通过发热方式给人体带来温暖，不过，仍然会有一些学生对这个问题似懂非懂。你可以把学生分成伊恩派和保罗派，向他们讲明白，双方需要找出证据来证明对方是错的，你可以时不时地为乙方或另一方提供某些能够扭转局势的关键证据，以使辩论更加激烈一些。你甚至可以考虑采取舞台剧的形式，让学生分别扮演伊恩和保罗等角色进行辩论（一定要注意礼貌）。学生必须拿出具体证据来支撑自己的观点，而这就需要他们去做实验。你可以让学生分组设计实验方案并付诸实施。

即使全班所有学生都相信衣服内外温度计读数是相同的，但是各人的理由可能会有所不同。你可以深入了解一下学生是否真正弄明白了以下几个问题：热是如何产生的，绝缘是怎么一回事，为什么人体也是一种热源，等等。只要一种物质比周围其他物质含有的热能高，那么它就可以被称为热源。你可以问一问学生：冰块能否成为热源？（如果周围环境温度比冰块低，冰块当然可以成为热源！）一切物质都含有热能。你抛出这个话题，肯定会引发学生热议。我们通常都是用冰块来吸收饮料中的热能，然而，实际上冰块也可以成为热源，把热能辐射到周围的环境中，从而让周围环境的温度增加。如果学生能够理解这一点，那么他们肯定也能够理解热力学第二定律。

相关书籍和美国科学教师协会期刊文章

Damonte, K. 2005. Heating up and cooling down. *Science and Children* 42 (9): 47–48.

Driver, R., A. Squires, P. Rushworth, and V. Wood-Robinson. 1994. *Making sense of secondary science: Research into children's ideas.* London and New York: Routledge Falmer.

Keeley, P. 2005. *Science curriculum topic study: Bridging the gap between standards and practice.* Thousand Oaks, CA: Corwin Press.

May, K., and M. Kurbin. 2003. To heat or not to heat. *Science Scope* 26 (6): 38–41.

参考文献

American Association for the Advancement of Science (AAAS).1993. *Benchmarks for science literacy.* New York: Oxford University Press.

Keeley, P., F. Eberle, and L. Farrin. 2005. *Uncovering student ideas in science: 25 formative assessment probes, vol. 1*. Arlington, VA: NSTA Press.

National Research Council (NRC). 1996. *National science education standards.* Washington, DC: National Academies Press.

Watson, B., and R. Konicek. 1990. Teaching for conceptual change: Confronting children's experience. *Phi Delta Kappan* 71 (9): 680–684. Available online at *www.exploratorium.edu/IFI/resources/workshops/teachingforconcept.html*.

第十六章
打滑的玻璃杯

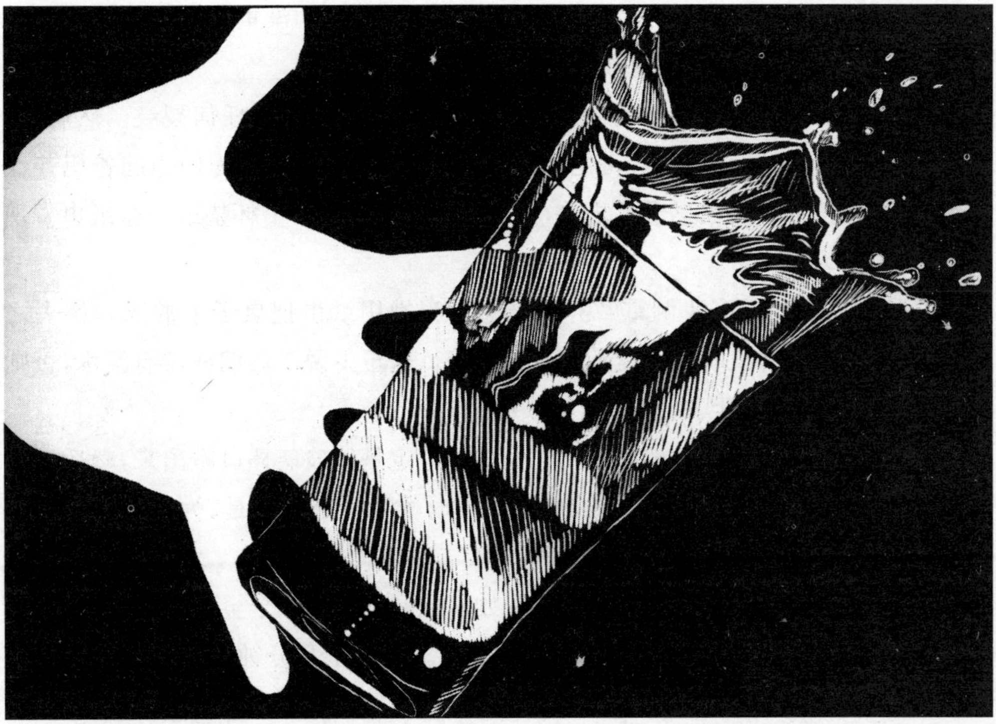

乔伊丝(Joyce)端起盛有冰冷葡萄汁的杯子,希望能够在闷热而又潮湿的夏日解解渴。虽然她紧紧握住了玻璃杯,但是杯子突然从指尖滑落掉到地上摔成了碎片。乔伊丝感到既尴尬又困惑。

“即使是掉到光秃秃的地板上,就已经把地板弄得一团糟。天哪,幸亏没有溅到地毯上。”乔伊丝想。

“我明明握得很紧,但是那个杯子怎么就像涂了一层润滑油似的。”她自言自语道,一边环顾四周看看有没有其他人在场。还好,家里其他人都出门了。乔伊丝把一切清理干净之后决定再试一次,因为她还是又热又渴。

乔伊丝拿了一个干净的玻璃杯,在里面放入一些冰块后,又倒了一杯葡萄汁。她随即端起玻璃杯贪婪地喝了一大口。这次没问题,玻璃一点都不滑,她把玻璃杯放回到桌子上。

乔伊丝家的小狗“卷毛”跑到门口,眼巴巴地望着她,似乎在说:“快带我出去跑一圈吧。”乔伊丝不想再闹出麻烦,便带着小狗出门了。大约 10 分钟后,她带着小狗回到家里。

乔伊丝伸手去拿玻璃杯,**哎呀!!** 玻璃杯差点又从手中滑落。不知什么时候,玻璃杯变得又湿又滑。好在这次乔伊丝格外小心,所以才没重蹈覆辙。但是玻璃杯是怎么变得这么滑的呢?这成了一个难解之谜。

首先,乔伊丝仔细察看玻璃杯是否漏水,但是并没有发现任何裂纹。然后,她注意到桌子上有一圈水印。这肯定是从玻璃杯滴落下来的,因为她想起爸妈曾经告诉过她,在把杯子放在桌子上之前,要先在杯子底下放一个杯垫或一张纸巾。现在,她知道是为什么了。

“可恶,难道今天该我倒霉?”乔伊丝想。当她用纸巾把桌子上的水印擦去之后,她注意到纸巾并没有染上蓝葡萄汁的印渍。这至少说明玻璃杯没有漏水,否则那一圈水印就是葡萄汁了。

“我明白了,”乔伊丝自言自语道,“葡萄汁肯定是从玻璃杯口溅出来,然后沿着杯子外壁流到桌子上的。也许是我放杯子的时候不小心。但是,为什么水印没有葡萄汁颜色呢。这真是令人心烦。”

“也许是玻璃杯的问题。”乔伊丝想。她从柜橱里拿出一个金属杯,再往里面倒入果汁并加入冰块,然后观察会发生什么事情。她等了几分钟之后……你猜怎么着?猜对了,金属杯外壁也出现了水珠!乔伊丝绞尽脑汁想把这件事弄明白,问题似乎只能出在葡萄汁上。于是,她又拿了一个玻璃杯,这次往里面加入的是冰块和**水**,然后就在那里坐等结果。

你猜结果会怎样?

目的

我想，大多数人都有过故事中描述的经历。有多少人还能够记得，他们不知哪一天突然明白过来，装有冷饮的玻璃杯外壁的小水珠其实来自空气，或者，他们原以为这种解释是“荒谬的”，而后来明白只有这种解释才是合理的。本章故事旨在鼓励学生探索这一现象，并通过实验弄明白这一现象是如何产生的。这则故事跟《日常科学之谜（一）》（科尼赛克-莫兰，2008）的故事“小帐篷哭了”相似，不过，与那个偶尔一次的露营故事相比，本章故事更贴近我们的日常生活。两则故事涉及的很多概念相同，不过，无论是在家里，还是在学校里，你不需要什么复杂的设备，都可以非常容易地再现本章故事的情景。

相关概念

- 蒸发
- 冷凝
- 湿度
- 循环

不要惊讶

很多学生根本不相信空气具有质量并占据一定空间，他们同样不能理解水蒸气会在空气中飘浮。我们在空气中走动起来毫不费力——空气中怎么可能有东西呢？除非学生能够认识到，湿热天气之所以让人感到不舒服，是因为空气的温度很高并且空气中的水蒸气含量很大，否则，即使我们说玻璃杯外壁的水珠来自空气，他们也不可能相信。

我们向镜子哈气或者在冷天向空气中呼气，就会看到自己制造出的云雾。我们洗完澡之后看见浴室镜子表面有一层雾气，一般不会去深究太多，只是习惯打开排气扇或者直接把雾气擦去，然后好照镜子。当你问到这些现象的时候，学生都会说自己有过亲身经历，但是不会把它们相互联系在一起。尽管很多儿童和成人都听到过地球“水圈”这个概念，但是用它来解释玻璃杯外壁出现的水珠，恐怕他们还是难以接受。他们往往会把水循环看成是一个“蒸发→冷凝→云→雨→蒸发”的简单循环过程，因为一些教科书和教学图册就是这样描述的，这种过分简单化描述的例子不胜枚举。如果我们把水循环比做一首乐曲的话，那么冷凝和蒸发就是“水循环的主题与变奏”。日常生活中数不清的谜题之所以很难被我们发觉，是因为我们对这些现象早已习以为常、见怪不怪，反而忽略了它们的存在。

内容背景

液体如何才能变成气体状态？气体如何才能变回液体状态？我们首先说一说水如何变成气体。我们对液态的水都非常熟悉。我们需要喝水、在水里洗澡、在水里游泳、用水做饭，等等。构成水的水分子是我们肉眼无法看见的，而这些分子彼此之间相互联系，可以自由滚动，因此，我们能够把水从容器中倾倒出来。另外，这些水分子始终处于运动状态，只要获得足够能量，它们就能够从容器内逃逸到空气中，即“蒸发”。在蒸发过程中，水分子以气态进入空气后，在空气中自由运动，并与其他水分子相互碰撞。一旦水分子遇到温度比它低的东西，就会把自身的热能转移给这些东西，例如盛放冷饮的玻璃杯、镜子、窗户或草叶等，从而变回到液体状态。

为什么水分子会将自身的热能转移给温度比它低的东西？热能总是从温度较高的物质转移到温度较低的物质，这一现象在自然界一切物质中概莫能外，这就是我们总结出的热力学第二定律。该定律也能够解释水蒸气是如何变回到液态的。任何物质的状态变化都涉及能量转移。换句话说，如果某种物质的状态发生变化，能量必然会从一种物质转移到另一种物质。冰块或冰淇淋之所以融化，是因为热能进入它们体内，造成它们融化。能量不可能失去，也不可能被创造出来，而只是从一个地方转移到另一个地方。

由此可见，本章故事主要是讲能量转移和状态变化的。该故事还涉及水循环，故事里的水循环是指一栋房子一个房间里的水循环，当然，这与整个地球的水循环并不矛盾。乔伊丝做日常科学实验的这个房间空气很有可能跟室外大气是相通的，房间里相对湿度较高，很可能跟室外空气的相对湿度有直接关系。我之所以说“很可能”，是因为厨房里可能会有沸腾的水，使得大量水蒸气进入房间的空气中。然而，我们不妨设想乔伊丝所处的地方是带屏风的门廊，而周围环境的相对湿度非常高。故事中也提到当天天气闷热、潮湿。

这里，我们需要说一说“湿度”这个概念。在给定温度条件下，特定体积的空气中能够容纳的水蒸气数量有限。空气温度越高，能够容纳的水蒸气数量就越多，因为随着温度升高，空气分子之间的空间增大，所以能够容纳更多的水蒸气分子。而本章中的故事发生在炎炎夏日，那么空气中就很可能含有大量的水蒸气，这就是科学家和天气预报员所说的相对湿度很高。我们经常用“闷热”来形容这样的天气。“相对湿度”是指，在给定温度条件下，空气中容纳水蒸气的百分比为多少。例如，如果空气含有的水蒸气相当于它能够容纳水蒸气总量的一半，那么它的相对湿度就是 50%。

你可能会注意到，我在说空气中含有水蒸气的时候，并没有使用“托起”这样的字眼。由于水分子比空气中的氮分子和氧分子要轻得多，因此它可以在空气分子之间来回自由穿梭，与空气分子“和平共处”。因此，空气分子没有必要“托起”水蒸气分子。实际上，“托起”这个词经常会导致我们对相对湿度以及空气如何与其他气体共存等现象产生误解。

相对湿度不同会给我们带来怎样的感觉？相对湿度为多少时才会令我们感到舒适？研究表明，当相对湿度为 45%左右的时候，我们感觉最为舒适。我们通过出汗方式来让身体散热。当汗液以蒸发方式逃离人体的时候，热能也就随着汗水转变成为气态而流失，因此，我们感觉凉爽舒适。我们的身体对热能流失的感知就是觉得舒服，而不是感知具体温度为多少。与相对湿度较低的环境相比，人体在相对湿度较高的环境中汗液蒸发过程不那么顺畅，因此流失的热能就比较少，从而让我们感到闷热难受。在相对湿度很低的沙漠气候中，人体汗液蒸发速度很快，我们就会感到非常舒适。我清楚地记得，有一天天气最热的时候，身处沙漠中的我注意到自己的身体根本没有汗，因为汗液蒸发速度太快。

因此，在炎热、潮湿的天气条件下，无论乔伊丝向杯子里倒入什么液体，或者，无论她使用的容器是金属、石头或其他材质，她都会遇到杯子外壁出现冷凝水的问题。只要容器外壁的温度低于周围空气的温度，热能就会被转移给容器，空气中的水蒸气就会重新变成水。只有一个例外，那就是杯壁是双层的，双层杯壁能够起到绝缘作用，从而避免冷凝的现象发生。

我对《科学素养基准》（美国科学发展协会，1993，第 150 页）关于水“消失”的表述持不同看法，因为学生往往把它误解为“不再存在”，尤其是幼儿园到 2 年级的学生。尽管从科学角度而言，使用“消失”这个词完全正确，但是我更喜欢采用其他表述方式,比如说,我们"再也看不见"水了。不过,我们最好使用类比给学生解释一下:一个球滚到椅子底下之后似乎是消失了,虽然我们看不见,但是它仍然在那里。还有,我认为该书对水循环的表述也不够完善,因为它没有提到,水蒸气并不需要上升到很高的高度也可以冷凝变成水。正如故事描述的那样,而且日常生活经验也告诉我们,大到整个地球系统,小到一个房间,水循环同样存在。

《国家科学教育标准》(国家研究委员会,1996)的相关内容

幼儿园至 4 年级:物体和物质的属性

• 物质以不同形态存在——固态、液态和气态。加热或冷却可以使一些常见物质从一种形态变为另一种形态,例如水。

5~8 年级:地球系统的结构

• 水覆盖了地球表面的绝大部分,经由地壳、海洋和大气进行反复循环,即"水循环"。水从地球表面蒸发,在上升过程中逐渐变冷凝结形成雨或雪,雨或雪降落到地面后在湖泊、海洋、土壤或地下岩石中汇聚起来。

《科学素养基准》(美国科学发展协会,1993)的相关内容

幼儿园至 2 年级:地球

• 敞开容器中的水会逐渐消失,而封闭容器中的水不会消失。

3~5 年级:地球

• 液态水消失后会变成空气中的气体(蒸汽),冷却后会重新变成液体,如果低于凝固点则会变成固体。云和雾都是由极小的水滴构成的。

6~8 年级:地球

• 水在大气圈的循环对气候变化模式发挥着重要作用。水从地球表面蒸发,在上升过程中逐渐变冷凝结形成雨或雪,然后再次降落到地球表面。雨水降落到地面后在河流、湖泊、土壤或岩石孔隙汇聚起来,其中大部分流回海洋。

在幼儿园至4年级中使用这个故事

根据我们使用这则故事进行教学的经验，现场演示是一个很好的导入方法。你可以拿两个玻璃杯放在全班同学面前，在一个玻璃杯中倒入带颜色、常温温度的水，而在另一个玻璃杯中倒入带颜色的冰水。如果你使用不透明容器，学生就无法看到杯子内部情况，效果会更好些。让学生在接下来5～10分钟内（你可以根据房间内的相对湿度高低适当调整时间）仔细观察这两个杯子系统，他们将会注意到其中一个玻璃杯外壁有水珠出现，而另一个则没有。这一奇怪现象肯定会引发学生热议。此时，你可以让学生向你提出一些问题，而你只回答“是”或“否”，通过一番问答，他们最终应当能够找出两个系统的差别。这种方式很像多数学生都熟悉的“20个问题”游戏。例如，学生可以问你“玻璃杯是否有裂缝”，而你回答“否”，等等。

学生通过一连串提问，最终将会明白两个杯子出现差异的原因。此时，你最好带学生把整个故事重温一遍。你可以问一问学生，他们觉得哪个玻璃杯的情况跟乔伊丝的一样。大多数学生都会选择盛有冰水的玻璃杯。你应当让学生重点关注两个杯子出现差异的原因：一个杯子里是冷水，另一个则不是。一些学生可能会说杯子外壁水珠来自空气，而另一些同学肯定不会相信这种说法。关于这一概念，《国家科学教育标准》对幼儿园至2年级学生没有明确要求，不过我认为，他们有大量机会可以通过科学探究找到问题的答案，而3～5年级的学生更是如此。在“20个问题”环节，你可以用一张大纸把学生的问题记录下来，并激励他们根据这些问题开展探究活动。学生有可能会提出如下问题：

- 两个玻璃杯的厚度一样吗？
- 两个玻璃杯是由相同材料制成的吗？
- 一个杯子里面盛有的东西跟另一个不同吗？
- 玻璃杯的厚度不同会对实验结果产生影响吗？
- 玻璃杯的材质不同会对实验结果产生影响吗？
- 如果我朝玻璃杯吹气，会让它变湿吗？

在你的帮助下,学生可以设计实验方案对上述问题进行验证,而他们最终得出的结论必然会非常接近正确答案:玻璃杯外壁的水珠来自周围的空气。你也可以参考下一节“在5~8年级中使用这个故事”的教学建议,带领学生进行深入探索。

你也可以在三四年级学生中间使用《了解学生的科学想法》(第一册)(基利、埃伯尔和法林,2005)一书中的探究案例“湿牛仔裤”。该案例要求学生就“蓝色牛仔裤在晾干过程中水分去了哪里”从7个选项中做出选择,并给出具体解释。你可以借此了解学生对蒸发与大气关系问题的认知水平。不同学生肯定会选择不同的答案,势必就此问题展开激烈争论。而这正是我们想要的结果,因为真理越辩越明,学生才能心甘情愿放弃自己的错误观点,欣然接受科学结论。

在5~8年级中使用这个故事

与低年级学生相比,高年级学生可能觉得这个故事没有那么神秘,因为他们肯定从成人那里听到过相关解释,然而这并不意味着他们就理解事情的真相。你可以使用上一节提到的探究案例“湿牛仔裤”(基利、埃伯尔和法林,2005)。你可以要求学生在选择答案时给出书面解释,从中了解学生对蒸发与大气关系问题的认知水平。

学生可能会对这则故事中隐含的一些谜团感兴趣,他们很可能会就下列问题展开调查:

- 金属杯外壁形成的水珠会比玻璃杯多吗?
- 金属杯外壁形成水珠的速度会比玻璃杯快吗?
- 杯子外壁形成的水珠在一些日子会比其他日子多吗?
- 饮料温度与冷凝所需时间之间有关系吗?
- 在不同的日子里,饮料温度与冷凝所需时间之间的关系是一样的吗?
- 冰箱里也会出现这样的现象吗?

很多老师喜欢让全班同学一起讨论上述问题,并让他们预测会发生什么情况。任何预测都必须要有某种证据来支撑,而不是胡乱猜测。你的作用是,确保学生在做预测时必须根据自己的经验或知识说明理由。例如,如果学生甲说金属杯外壁形成的水珠会比玻璃杯多，那么你要请他给出自己的理由。他可能会说，因为金属的导热性比玻璃好，所以水在金属表面冷凝形成的水珠更多。在学生开始进行实验之前，你务必要提醒他们注意变量问题，除了需要测试的那个变量之外，他们需要严格控制其他所有变量。

称量杯子外壁冷凝水重量的一个方法是，你可以找来一台灵敏度较高的电子秤，当然，灵敏度越高越好。你可能需要给学生讲一讲“皮重”的概念，所谓“皮重”主要是指商品外包装材料的重量，我们在称带有外包装的物品时需要减去皮重，才能得出物品的净重。有些秤只需按一个按钮就能够自动扣除皮重，而有些秤没有这种设置。如果学生称重时在物品下面垫上一个盘子或一张纸，就必然要用到这一技能，因为他们必须把盘子或纸的重量从总重量中扣除，才能够得出所称物品的净重。就称量冷凝水的重量而言，学生应当先把杯子、饮料和冰块的总重量称出来，过一段时间(比如 5～10 分钟)之后，再把杯子、饮料、冰块以及冷凝水的总重量称出来，然后扣除杯子、饮料和冰块的总重量，最后得到冷凝水的重量。

如果你的学生或者你本人决定探索温度和冷凝之间的关系，就需要进入气象学领域。具体来说，你需要了解“露点”问题。“露点”是指，在标准大气压下，空气中的水蒸气达到饱和而凝结成液态水需要降至的温度。你可以利用玻璃杯里的水估计出“露点”温度大致是多少。假设玻璃杯里水的温度是 50℉(10℃)，如果此时杯子外壁开始出现冷凝水，那么你就可以知道“露点”即是杯里水的温度。实际上，“露点”有可能会高一些或低一些，而这就需要你准备一套杯子在不同温度条件下分别测试。一个比较好的办法是，向一个金属罐倒入常温的水，在罐子里放置一个温度计，然后往罐子里陆续加入冰块，注意每次只加一块，每加一块冰块后，用搅拌棒搅拌一下(不能用温度计搅拌，以防温度计损坏)。留心观察金属罐的外壁，一旦有水珠开始出现，就把当时温度计的读数记录下来，而这个读数大致就是室内的“露点”。你可以把这个实验反复多做几次，求其平均值。如果学生想要回答“饮料温度与冷凝所需时间之间有关系吗?”这个问题，自然就会去做这一实验。

露点一般不会超过 80℉(26.6℃)，如果露点高到这个温度，你能够明显感觉空气已经非常潮湿。

这又会引出另一个概念——“热指数”。你在看天气预报的时候，可能会发现天气预报员在预报完温度之后往往习惯加上一句“感觉像……”。你可能还记得我们在上文提到，人体通过出汗来降温，而当相对湿度比较高的时候，汗液就很难蒸发。因此，你就会感觉没有在相对湿度比较低的时候舒服，因为这时汗液容易蒸发，从而更好地发挥降温作用。一些气象学家尝试计算我们在相对湿度较高情况下感觉到的不舒服程度，它是以我们在一定温度/相对湿度共同作用下的“感觉”为基础的。我们都知道，如果天气既炎热又潮湿的话，我们就会“感觉”更热。热指数是建立在人的主观感受基础上的，因此在科学界颇受争议。尽管如此，这个问题值得讨论一下，如果你在盛夏季节到佛罗里达州或亚利桑那州的菲尼克斯市过一段时间，对此肯定会有切身体会。

相关书籍和美国科学教师协会期刊文章

Driver, R., A. Squires, P. Rushworth, and V. Wood-Robinson. 1994. *Making sense of secondary science: Research into children's ideas.* London and New York: Routledge Falmer.

Hand, R. 2006. Evaporating is cool. *Science Scope* 29 (7): 12–13.

Keeley, P. 2005. *Science curriculum topic study: Bridging the gap between standards and practice.* Thousand Oaks, CA: Corwin Press.

Keeley, P., F. Eberle, and L. Farrin. 2005. *Uncovering student ideas in science: 25 formative assessment probes, vol. 1*. Arlington, VA: NSTA Press.

参考文献

American Association for the Advancement of Science (AAAS).1993. *Benchmarks for science literacy.* New York: Oxford University Press.

Keeley, P., F. Eberle, and L. Farrin. 2005. *Uncovering student ideas in science: 25 formative assessment probes, vol. 1*. Arlington, VA: NSTA Press.

National Research Council (NRC). 1996. *National science education standards*. Washington, DC: National Academies Press.

Project WET, Curriculum and activities guide. 1995. *The amazing journey.* Bozeman, MT: Water conservation Council for Environmental Education. Available online at *www.montana.edu/wwwwet/journey.html*

第十七章
圣伯纳德犬

玛雅(Maya)和利奥(Leo)反复央求奶奶给他们买一只小狗。经过一番讨论,他们商定了谁负责喂狗、谁负责遛狗以及谁负责训狗等事宜,奶奶最终同意给这个家庭增加一名新成员。

玛雅、利奥和奶奶一起来到动物救助站挑选宠物。这里有很多成年狗,它们个头高大、威猛,却又非常温顺,两个孩子真想从中挑选一只。不过,他们最想要的是一只幼犬，这样就可以把它从小一直养到大。大多数的狗都是杂交品种，因此他们并不知道这些狗的“父母”是谁，也不知道它们长大后体形会有多大。

所幸的是，玛雅和利奥不约而同地喜欢上了同一只小狗，这就是他们梦寐以求的“那只狗”。这是一只棕白色相间的短毛小狗。虽然狗的爪子很大，但是救助站工作人员说这只狗长大后不会太大。这只小狗是雄性，所以他们给它取名为“西奥”(Theo)。就这样，希奥跟着他们来到了它的新家。

西奥食量很大，似乎总也吃不饱！它需要消耗大量狗粮，身体长得很快。救援站那位阿姨曾说它的个头不会很大，也许是她弄错了。算了，虽然这只狗经常把口水蹭到他们身上，但是它非常温顺，跟它一起玩其乐无穷。

两个孩子决定跟踪观察西奥的体形和体重变化，开始在冰箱门上用图表做记录。起先，这样做很容易。一个孩子站在体重秤上，称一下自己的体重，然后抱着小狗再称一次，两次重量的差就是小狗的体重。

一切都很顺利。直到有一天，西奥竟然已经长成一只成年大狗，他们俩谁也无法把它抱起来！实际上，有一天佩德罗(Pedro)叔叔过来串门，他说：“我想，你们挑了一只圣伯纳德犬。”

“哦，拜托，”利奥说，“请你千万别告诉奶奶！她绝不会让我们养那么大的狗！”

玛雅和利奥想要继续给西奥称体重，但是他们手足无措，不知道怎样才能把它抱起来。西奥体形太大，无法站在体重秤上，而如果让它趴在秤上，它的身体就会挡住刻度盘，两个孩子没办法看见读数。

“我想到一个办法，”玛雅说。“我们再拿一个秤来，让西奥前爪趴在一台秤上，后爪趴在另一台秤上，然后把两台秤的读数加起来。”

“那样能行吗?”利奥说，“如果它一端比另一端重呢？要是我们俩都单脚站立在不同的秤上，那么称出来的重量准确吗?”

“这很容易验证，”玛雅说，“我在超市里曾经见过有人单脚站在秤上称体重，我想，他们肯定在减肥，希望秤上显示的重量能轻一些！”她觉得这种做法很好笑。

“好吧，我们可以拿一些东西来试一下，看看这样做行不行，”利奥说，“我有办法。”

目的

这则故事有两个目的。一是让学生验证他们关于重量分布的想法,二是帮助他们认识到重量是重力作用在物体(或生物)上的力。另外,是否有必要向学生讲授质量和重量的区别,完全取决于教师本人或学校课程安排。在“内容背景”一节,我会给出一些关于“质量和重量”的内容,仅供参考。

相关概念

- 压力
- 重力
- 力

不要惊讶

说起来可能很奇怪,有些学生竟然不知道一个物体的重量等于其各个组成部分重量的总和。他们可能也不知道,他们用来称自己体重的秤只不过是位于人与地球之间的一种介质,用秤称量出来的重量实际上是两者之间的引力。他们可能也没有认识到,任何物体的重量都是由这个引力的大小决定的。有人试图通过改变自己在秤上的姿势来改变秤的读数,他们没有意识到,除非他们能够改变地球的引力,否则是徒劳无功的。

内容背景

这则故事讲的是真人真事,我只是把两个孩子的名字改了一下,却没有改变狗的名字。实际上,我们知道自己买的是一只圣伯纳德犬,愿意承担由此带来的任何后果。西奥在我们家生活了好几年,最终体重超过 180 磅,这个结果就是我们用两台秤称出来的。我家两个儿子也利用图表来记录狗的体重,遇到的问题跟玛雅和利奥相同。

任何物体的重量都等于其各个组成部分重量的总和。因此,先把狗放在两台秤上称量,然后再把两台秤的读数相加即可得到狗的体重。同理,如果你一只脚站在一台秤上,另一只脚站在另外一台秤上,这样,即使你的体重被分布在两台秤上,但是把两台秤的读数相加还是你的体重。你可以试着把身体重心放在一台秤上,然后换到另一台秤上,然而两台秤读数加起来的总和始终不会改变。你和地球通过秤在相互吸引。这样的话,重量是指某物或某人等任何具有引力的东西之间相互吸引,从而施加在该物或人身上的力。在地球上,这个力是由该物体或人受到的重力作用造成的。

试想一下,你与地球之间相互吸引。你站在一根弹簧上,这根弹簧因为你与地球之间持续的吸引力而收缩。如果我们制订一套标准来度量弹簧的不同收缩程度,那么我们就可以给弹簧下一个可操作性定义。我们按照标准给这根弹簧标出刻度,并给它配备一个平台来承载我们想要称量的物体,这就是我们所谓的弹簧秤。

众所周知的磅和盎司等重量单位并不是人类**发现**的,而是人类为了商品交换而**发明**的。当我们想要买卖东西或进行商品贸易的时候,就需要采用某种恒定不变的标准度量单位对商品进行度量。如果你去访问不同的国家或文明社会,就会发现那里人们使用不同的测量重量的方法。我们的超市使用的是标准化的弹簧秤或液压秤,而在亚洲或非洲一些国家,店主们使用天平,其中一些跟几千年前的设计毫无二致。

严格说来,地球上任何一个物体重量由于受位置或海拔影响可能会存在0.5%的偏差。位置:地球不是一个标准的球体,这是因为地球自转速度能够扭曲地球的形状,所以形成了两极稍扁、赤道略鼓的球体。因此,假设你站在南极或北极,那么你身体的重量要比在赤道大一些,因为你与地球中心的距离会比在赤道时近一些。海拔:假设你站在8 844.43米高的珠穆朗玛峰,那么你的重量要比在海平面时轻一些,因为你在峰顶与地球中心的距离比在海平面远一些。

以平衡为基础的秤(天平)能够解决地球上重量出现偏差的问题,因为它利用一根杠杆,杠杆中间有一个支点保持杠杆平衡,杠杆两端各有一小盘,其中一个盘里放着已知重量的物体,另一个盘里放上待测重量的物体。无论在地球任何位置,天平两端所受的地球重力都相同,因此能够得到准确的结果。在使用弹簧为基础的秤(弹簧秤)的地方,我们应当根据其地理位置对刻度进行校正,但是商家往往不愿意这么做,因为他们觉得重量偏差太小,没有必要大费周折。然而,为了保护消费者利益，有些国家针对商业弹簧秤的校准问题制定了一些专门的法律条文。

在成人和儿童中经常存在的一个误解是：太空中宇航员不受重力影响，因此他们处于“失重”状态。实际上，在距离地球250英里的高空，地球的重力仍然还有90%在发挥作用。宇航员之所以感觉失重（实际上也是如此），是因为他们和太空站或太空舱在围绕地球转动的同时处于自由落体状态。这跟你在快速下落的电梯中感觉是一样的，但是前者的速度快多了。如果你站在电梯里的一台秤上，称出的重量就会比平时要轻一些，因为你脚下的电梯地板正在快速远离你和秤，因此削弱了重力的下拉作用。相反，当电梯突然停住时，你会感觉自身的重量猛地压向地板，因此感觉身体变重。

重量与质量有什么区别？在日常生活中，重量和质量实际上没有区别，然而，如果我们从科学角度来讨论，两者差异甚大。重量是指物体所受引力的数量大小，而质量是指物质具有的一种属性（该物体含有的物质数量）。重量需要依赖引力而存在，因为它度量的是某物体受到引力作用的大小，而质量是一切物质都具有的基本属性。在月球上，一个物体的重量要比它在地球上轻，因为月球的引力要比地球小，其实，该物体的质量在这两个地方始终保持不变。

质量表现为物体阻止其运动或静止状态被外力改变的阻力，牛顿运动定律对此的描述尤为详尽。无论一个物体在哪里，我们想要改变其运动或静止状态受到的阻力是不变的。在月球上，如果你想要让一块运动的巨石停下来，其难度跟在地球上一样大，而如果你想要把一块静止的巨石向前推动，其难度跟在地球上也一样大。

简而言之，在日常生活中，把重量和质量混为一谈并没有什么问题。但是，当你在处理物理或工程方面的问题时，把这两者区分开来就显得非常重要，因为一个物体的重量会因为其位置不同而有所不同，但是质量不会发生变化。因此，两者之间并不能画等号。让低年级学生花时间学习重量和质量的区别为时尚早，但是到了中学阶段，这一内容可能会出现在教学大纲中。在本章故事中，我们并没有必要去探讨重量和质量的区别。

故事中说到有人想用单脚站立在秤上的方法来改变自己的体重，因此你有必要跟学生讲一讲“压强”的概念。压强是指物体所受的压力与受力面积之比。例如，你可能会听到某一物体受到的压强是每平方英尺10磅。如果受力面积或物体重量发生变化，那么压强也会变化。

看一看图钉,你就会明白它是人们根据压强这个概念设计出来的。你用手按的图钉那一头又圆又平滑(钉帽),它比尖的那一头(钉尖)面积大很多。如果图钉没有钉帽,你直接使劲地按钉尖的话,钉子就会扎进你的肉里,让你疼得受不了。而当你按钉帽的时候,那里的受力面积很大(你也不用担心手被扎),而你用的力会被传递到图钉的钉尖。假设你用的力是每平方英寸 10 磅,这个力会从钉帽传递到钉尖,所以压力没有变,但是由于钉尖的面积要比钉帽小得多,所以压强发生了变化。由于压力是集中在钉尖这一个点上,因此能方便它穿入物体。施加在钉帽的力被传递到钉尖以后压强变大,因为它被集中到了一个点上。

如果一个人的两只脚都站在秤上,那么他的体重被分布到两只脚上,而如果他是一只脚站在秤上,压力就会集中在一只脚上。秤受到的压强虽然变大,但是这个人的体重不会发生变化。秤是用来测量重量的,而不是测量压强的。

这则故事涉及很多科学知识,需要学生探索的科学道路有很多分岔。作为教师的你可以向学生提出很多不同问题,或者,更好的办法是,你可以诱导他们就重量、天平以及压强等概念进行深入探索。

《国家科学教育标准》(国家研究委员会,1996)的相关内容

幼儿园至 4 年级:从事科学研究需要具备的能力

• 利用简单的设备和工具收集数据并拓展感官能力。

幼儿园至 4 年级:物体和物质的属性

• 物体具有很多可见的属性,包括尺寸、重量、形状、颜色、温度以及与其他物质产生反应的能力。我们可以利用直尺、天平或温度计等工具对这些属性进行测量。

5~8 年级:从事科学研究需要具备的能力

• 利用适当的工具和技巧对数据进行收集、分析并解释。

《科学素养基准》(美国科学发展协会,1993)的相关内容

幼儿园至 2 年级:科学研究

• 人们往往单凭仔细观察周围的事物就能够学到一些东西,不过,有时候,人们在对那些事物做些什么之后再进行观察,能够学到更多东西。

幼儿园至 2 年级:物质的结构

• 我们可以借助某一物体的属性对其进行描述。

3~5 年级:自然的力

• 地球的引力不需要与地球上面或附近的物体接触即可向自己拉近。

6~8 年级:自然的力

• 每一个物体都对其他任何物体施加引力。

在幼儿园至 4 年级中使用这个故事

首先,你应当了解学生对"称重"知识已经懂得了多少。你可以让他们说一说,成人是如何给他们称体重或给东西称重量的。成人需要给哪些东西称重量?有没有给他们称过体重?采用什么方法称重?从学生的发言中,你可以了解他们对"如何利用称重对不同物体进行比较"问题懂得多少。

低年级学生可能没有接触过这个概念,因此你应当让他们亲身体验一下物体的重量差异。你可以让学生在教室里挑选一些方便用手拿的物体,然后两手各拿一个物体,并猜一猜哪只手上的物体更重(你可以借此机会教学生区分"更重"和"最重"有什么不同)。你甚至可以使用这样的语言:"哪只手需要更用力些,才能不被物体拽下去?"这将为他们今后理解重量是由重力造成的埋下伏笔。他们需要给物体施加一个向上的力以抵消物体向下的力。你可以问一问学生,他们能否觉察到自己在用手拿轻重不同的物体时身体会有什么不同反应。

你可以借此机会介绍天平以及一些人为制定的度量标准等知识。许多教师使

用弹球、厘立方[①]或乐高积木来作为度量单位。学生先把一个物体放在天平一侧,然后再把数量不等的度量单位放在天平另一侧,使天平两侧保持平衡。

一名教师让学生把收集到的橡子用做度量单位。学生在使用橡子称量同一个物体却得到不同的结果时,自然就会想到,由于每一颗橡子的大小轻重等方面各不相同,因此不适合被用做标准单位,然后,他们就会去找一些各个方面都相同的物体来作为标准单位。通过这一探究实践,学生会明白称重时统一度量标准的重要性,从而联想到各种度量衡都需要统一的标准。

学生还想知道,待称重物体的位置是否会给物体重量造成影响。你可以让学生把长方体按照不同方式摆放,比如说竖放或平放,他们就会发现物体的位置对重量没有丝毫影响。一个物体无论怎么摆放,其质量(该物体含有的物质数量)是不变的。

至于故事中提到的小狗,你可以用可拆卸玩具代替。你可以让学生把玩具各个部分的重量分开称一下(可能需要两架天平),然后把这些重量加起来,再跟整个玩具的重量进行比较。

我们发现,年龄稍大一些的学生喜欢用形状、大小各异的纸张来拼装一些东西。他们通过这些折纸活动发现,要想让这些东西达到平衡状态,可以利用各种不同方法。你可以让学生想办法,只用天平就能够判断三个或三个以上物体孰轻孰重,然后按照从轻到重的顺序排列。你可以向学生提出挑战,看一看谁能够利用最少的步骤做到这一点。这个问题并不像看起来那么简单,必然会引发学生就此展开热烈讨论。

在5～8年级中使用这个故事

说起来有些奇怪,这个故事在高年级学生中引起的反响比低年级学生更强烈。他们比低年级学生更老练,看待问题的角度自然会更多一些。跟上一节的教学建议一样,你应当事先了解一下学生对重量和重力知识已经懂得多少,这样做对你开展教学有好处。

如果你的学生还没有接触过天平或弹簧秤,你可以借此机会让他们使用纸杯、

① 厘立方(Centicube)为棱长1厘米、质量1克、可以扣在一起的塑料立方体砝码——译者注

线、吸管、大头针、弹簧衣夹和汽水罐等常见材料制作一架天平(参见图 17.1)。

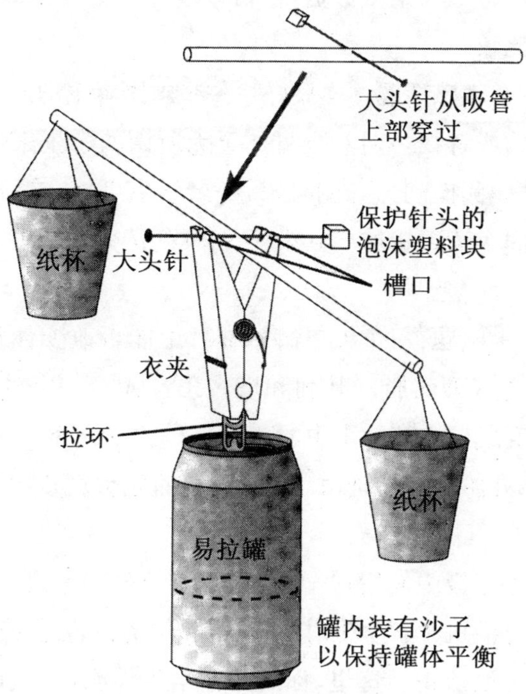

图 17.1　易拉罐天平

学生亲手制作一架天平并且对其进行调试,能够从这一过程中学会天平的工作原理。大多数学校都给学生提供现成的天平和弹簧秤,但这些东西对学生而言就像"黑柜子"一样,学生不知道它们是如何工作的,也不知道应该如何进行调试。本章故事向学生打开了一扇通往称重和平衡的大门,那么你完全可以让他们尽情探索由此涉及的各种力学知识。为了让学生能够更好地掌握天平,我建议你让他们使用重量为 1 克的厘立方砝码(或重量相等的其他物体)称量各种各样的东西。你还可以鼓励高年级学生勇敢迎接上文提到只使用天平来判断三个或三个以上物体孰轻孰重的挑战。

当然,你的学生肯定想要尝试去做故事中的那个实验。如果你不拘小节,并且学校规章制度也允许,那么你完全可以把一只狗带到教室里,然后用体重秤给它称体重。肯定会有学生家长愿意把自家的宠物狗带到学校来,实验完毕之后再接回家去。你最好使用一只小狗,这样方便学生抱着它一起称重,然后扣除那名学生的体重就能得出狗的重量。但是如果狗太大没人抱得动,而且不久前刚看过兽医的话,那么兽医那里应当有狗的重量数据,你可以拿这个数据跟学生采取“双秤称重法”称出的重量进行比较。

学生的体重是一个敏感话题。你最好找一些志愿者主动试一试那种两只脚各站在一台秤上的方法,或者找一名对自身体重无所谓的学生来做这项调查。当这名学生把身体重心从一侧换到另一侧时,另一名学生可以在旁边把两台秤的读数报出来,全班学生把两个读数相加。显然,两台秤的读数相加就是这名学生和狗的体重的和。

故事中还提到一个问题:一个人单脚站在秤上能否改变体重?我建议你使用《了解学生的科学想法》(第四册)(基利和塔古尔,2009)一书的探究案例“单脚站立”。该案例提出的问题跟本章故事中的相同,只是方式不同。该案例也要求学生把自己的想法说出来并给出具体理由。你的学生肯定会就该案例的问题展开热烈讨论。

跟“在幼儿园至4年级中使用这个故事”一节的教学建议一样,如果你有一台精确的电子秤,也可以借机了解学生对“待称重物体的位置是否会给物体重量造成影响”问题是否存在错误认识。这里,你需要让学生弄明白一点:一个长方体无论是竖放还是平放,它含有的物质数量都不会改变。你可以给学生一块黏土,让他们通过改变黏土的不同形状来让它的重量变轻或变重。学生最终会发现,无论他们怎么改变黏土形状,结果都是徒劳无功。要是有学生不乐意去花时间折腾一番,我倒是会感到非常奇怪。

综上所述,你可以帮助学生归纳出如下结论:任何物体都含有一定数量的物质,这一点不会因物理操作而改变。如果教学大纲规定质量、惯性和牛顿运动定律等为必修内容,那么你会发现本章故事是一个很好的切入点。我还要向你推荐比尔·罗伯逊(Bill Robertson)的著作《力和运动:不要不懂装懂》(2002),该书比我们这一章的论述更加深入详细、通俗易懂,便于初学者理解这些复杂难懂的概念。此外,你在网上还可以找到罗伯逊发表于2008年3月号《科学和儿童》杂志的一篇文章《科学101:天平和秤称量的是物体重量还是质量?》。

相关书籍和美国科学教师协会期刊文章

Driver, R., A. Squires, P. Rushworth, and V. Wood-Robinson. 1994. *Making sense of secondary science: Research into children's ideas.* London and New York: Routledge Falmer.

Nelson, G. 2004. What is gravity? *Science and Children* 42 (1) 22–23.

Keeley, P. 2005. *Science curriculum topic study: Bridging the gap between standards and practice.* Thousand Oaks, CA: Corwin Press.

Keeley, P., F. Eberle, and C. Dorsey. 2008. *Uncovering student ideas in science: Another 25 formative assessment probes, vol. 3*. Arlington, VA: NSTA Press.

Keeley, P., F. Eberle, and L. Farrin. 2005. *Uncovering student ideas in science: 25 formative assessment probes, vol. 1*. Arlington, VA: NSTA Press.

Keeley, P., F. Eberle, and J. Tugel. 2007. *Uncovering student ideas in science: 25 more formative assessment probes, vol. 2*. Arlington, VA: NSTA Press.

Konicek-Moran, R. 2008. *Everyday science mysteries*. Arlington, VA: NSTA Press.

Konicek-Moran, R. 2009. *More everyday science mysteries*. Arlington, VA: NSTA Press.

参考文献

American Association for the Advancement of Science (AAAS).1993. *Benchmarks for science literacy.* New York: Oxford University Press.

Keeley, P., and J. Tugel. 2009. *Uncovering student ideas in science: 25 new formative assessment probes, vol. 4*. Arlington, VA: NSTA Press.

National Research Council (NRC). 1996. *National science education standards*. Washington, DC: National Academies Press.

Robertson, W. 2008. Science 101: Do balances and scales determine an object's weight or its mass? *Science and Children* 46 (1): 68–71.

Robertson, W. 2002. *Force and motion: Stop faking it!* Arlington, VA: NSTA Press.

第十八章
佛罗里达汽车

杰克(Jake)带着妹妹驾驶妈妈的汽车前往二手车商店,想去看一看能否买一辆他买得起的二手车,这就意味着沿途需要逛多家汽车经销店。安伯(Amber)喜欢听杰克跟经销商讨价还价,她知道这里面学问大着呢,因此她喜欢在一旁驻足倾听。

“这辆车有一点贵,”经销商指着一辆漂亮的红色小汽车说,“首先,它是红色的;其次,也是最重要的一点,它是一辆佛罗里达汽车。我们昨天刚用卡车把它运过来。绝对是佛罗里达汽车!而且还没怎么上过路,关键是,它是佛罗里达汽车!"

"我敢打赌,这辆车原来的车主是一位老太太,而且,只有星期天去教堂做礼拜的时候,才会用到这辆车。"杰克说,并没有指望对方予以答复。

"我真搞不懂,为什么是不是佛罗里达汽车那么重要呢,"安伯心里在想,"难道佛罗里达生产的汽车比底特律这里生产的汽车更好吗?"

"请看这辆车,你能不能在它身上找到一点儿锈斑!"经销商非常自信地说,"我甚至可以用升降机把它吊起来,让你看看汽车底盘。"

"我能看一下运输单据吗?这样我就能确认它是不是真的来自佛罗里达,"杰克说,"不是说我不信任你,如果单据手续齐全,我就放心了。"

千真万确,这辆车不仅来自佛罗里达,而且来自该州南部城市霍姆斯特德,真令杰克大喜过望。

"我得再考虑考虑,"杰克说,"我明天或后天再来。"

"别拖太久,年轻人。这车可是说卖就卖出去了。"经销商说。

两人把车开向下一个经销店的路上,安伯问杰克:"佛罗里达汽车有什么特别的地方?"

"首先一点,我们不用担心车会生锈。"杰克说。

"那是为什么?"安伯问。

"你想一想啊,妹妹,"杰克说,"在那么远的南方从来都不下雪,所以人们用不着往道路上撒盐,汽车自然不会生锈喽。"

"必须要有盐才会生锈吗?"安伯问。

"当然啦。你脑子秀逗了吗?"杰克挖苦道。

"我当然知道一些。如果我把东西放在室外任由风吹雨打,它们都会生锈的。"

"对呀。如果我们把自行车或者金属制品放在室外,它们肯定会生锈的。不过,盐会加快生锈速度,而且锈蚀得更厉害!"杰克自信地说。

"总是会这样么?"安伯问。

"我从来不相信什么'总是',"杰克说,"任何规则总是会有例外!"

"'总是'?"安伯反问。

"别耍小聪明,小妹妹。你知道我说的是什么意思。"

"好吧。不过,我还是要验证一下你关于盐的说法,因为我太清楚生锈必须'总是'要有盐才行。说不定还有别的东西能够让锈蚀速度更快，或者能够阻止锈蚀发生。”

“你请便。到时候别忘了告诉我，我买佛罗里达汽车是不是买对了。”杰克回答。

目的

生锈是人人深恶痛绝的现象,因为它破坏我们的金属物品。我想强调的是,我们对这种最常见的现象却知之甚少。这则故事旨在让学生和老师亲自动手做实验,通过认真观察与研究来学习关于生锈的知识。我要感谢我的好友、英国利兹大学的菲尔・斯科特(Phil Scott),是他启发我萌生了本章故事教学的创意。他让儿童把钉子放在他们认为最容易生锈的地方,这样不仅能够为下一步开展科学调查做好充分准备,而且能够借此了解儿童对生锈这一现象懂得多少。

相关概念

- 氧化
- 化学变化
- 物质守恒
- 化学反应
- 物质变化

不要惊讶

我们曾经多次在不同年龄段的学生中做过生锈实验。根据我们的经验,学生可能会相信如下关于生锈的说法:

- 锈是活着的东西,能够引起疾病。
- 锈只存在于物体表面,却能够把物体内部的东西吃掉。
- 生锈现象只有在冷天才会发生。
- 在温暖的环境中,锈蚀速度更快。
- 生锈现象必须有盐才能够发生。
- 浸泡在碳酸饮料中的物体会生锈。
- 锈在一个物体上出现之后,就会把该物体吃掉。
- 锈实际上是生锈金属的另外一种形式。

结果证明，这些错误观念都是可以通过实验加以纠正的。此外，它们还会引出更多问题，而这恰恰是科学研究的重要组成部分。

内容背景

虽然几乎所有学生都对生锈现象有过亲身体验，却很少有人明白锈其实是一种新的化合物，而所谓“化合物”是由两种或者两种以上物质在一起反应生成的。

生锈是指铁和氧在一起发生化学反应，在这一被称为“氧化反应”的过程中，铁分子中的电子被转移到氧分子中，从而使铁被“氧化”，由此生成一种新的化合物“氧化铁”，也就是我们平常所说的锈。这一变化的化学方程式为 $4Fe+3O_2 \longrightarrow 2Fe_2O_3$，也就是说，4 个铁原子（Fe）和 3 个氧原子（O_2）结合生成 2 个氧化铁（锈）原子（Fe_2O_3）。这就是化学家所说的“平衡方程”，即，方程式左边的原子数与右边的原子数相等。换句话说，在化学反应中，所有的成分都会参与进来。参与反应的所有原子虽然重新排列，但是质量保持不变，所以它们的总质量是守恒的。反应中既没有丢失任何东西，也没有增加任何东西。这就是“物质守恒”的定义。

如果你把铁装入一个内含水分的密封罐里，先称一下整个罐子系统（罐子和铁）的重量，等铁生锈之后再称一次重量，就能够很容易明白“物质守恒”的概念。“密封罐”这个封闭系统的重量保持不变，因为所有参与反应生成新化合物（锈）的物质既没有丢失，也没有增加。你可以借用《了解学生的科学想法》（第四册）（基利和塔古尔，2009）一书中的探究案例“密封罐里的钉子”，了解学生对“生锈现象会给封闭系统带来什么变化”持什么看法。很多儿童和成人都认为，密封罐在钉子生锈后重量可能会增加，也可能会减少。实际上，你每次给罐子称重时，称出的结果都是罐子里的氧和铁加上罐子的重量，而氧和铁始终被困在这个封闭系统之中，所以总重量不会发生变化。

相反，如果你面对一个开放系统，结果就会有所不同。你可以使用《了解学生的科学想法》（第一册）（基利、埃伯尔和法林，2005）一书中的探究案例“生锈的钉子”。你会发现，如果钉子处于一个开放系统中，那么钉子生锈后重量实际上有所“增加”，这是因为，你最初称的只有钉子的重量，而在钉子与周围空气中的氧气反应生成铁锈之后，再次称重时多了氧的重量。这听上去似乎自相矛盾，但是，如果你仔细想想，就应当明白为什么会出现这样的差异。让我们换一种方式表述：在封闭系统中,你前后两次称的都是氧和铁的重量;在开放系统中,你第一次称的*只有*铁的重量,而在第二次称的却是铁和氧(跟铁发生化学反应的氧来自空气)的重量。

铁与氧在自然条件下非常容易发生化学反应,这就是为什么我们很难在自然环境中找到纯净铁的原因。实际上,因为氧与其他金属也容易发生化学反应,所以我们同样难以找到其他纯净金属。当铁、空气和水三者俱全的时候,空气中的二氧化碳与水结合生成弱的碳酸,这种酸就会开始腐蚀并溶解铁。因为水是由氢和氧构成,所以水开始分解并释放氧气。氢和氧从铁中获得电子,而这些电子又使氧带上负电荷,有助于氧跟铁结合。这一过程生成带电的原子(又称离子),它们能够经由液体(水)转移到物体(铁)的其他部分。在这里,液体发挥着重要作用,因为它为离子提供了介质,使得离子能够自由转移,从而加快腐蚀速度。这种液体被称为“电解质”。

普通水并不是最佳的电解质,但是它足以使金属生锈。电解质中含有的离子越多效果越好,酸和盐有助于离子产生,因此,盐水是离子的良导体。冬季,美国北部地区冰雪非常普遍,人们往往在道路上撒盐以帮助冰雪融化,从而为汽车轮胎增加摩擦力。但是,冰雪融化后形成的盐水是一种效果很好的电解质,非常容易让车辆生锈。如此说来,在佛罗里达州这种不下雪的地方,人们没有必要在道路上撒盐,那么这里的汽车也就不会生锈。

《国家科学教育标准》(国家研究委员会,1996)的相关内容

幼儿园至4年级:物体和物质的属性

• 物体具有很多可见的属性,包括尺寸、重量、形状、颜色、温度以及与其他物质产生反应的能力。

5~8年级:物体和物质的属性

• 物质以各种特有的方式与其他物质产生化学反应,生成具有不同属性的新物质(化合物)。化学反应中的总质量守恒。

《科学素养基准》(美国科学发展协会,1993)的相关内容

幼儿园至 2 年级:物质的结构

• 我们可以借助物体的构成材料(黏土、布或纸等)及其物理属性(颜色、大小、形状、质量、质地或韧性等)对物体进行描述。

• 我们可以通过某些方式改变物质的属性,但是,不同物质对这些方式的反应不尽相同。

3~5 年级:物质的结构

• 当两种或多种物质结合形成一种新的物质时,新物质的属性与原来的物质都不相同。

• 无论一个物体的各组成部分之间通过什么方式结合,该物体的总重量与各部分重量的总和相等。当一个物体被分成若干部分,各部分重量的总和等于原物体的总重量。

6~8 年级:物质的结构

• 由于大多数元素都倾向于跟其他元素结合,以纯粹形式存在的元素很少。

• 物质之间特别重要的一种反应涉及这些物质与氧发生反应,例如燃烧或生锈等。

• 在一个封闭系统中,无论物质之间如何相互作用、组合或分开,系统的总质量保持不变。“原子”这个概念能够解释物质为什么遵守质量守恒定律。如果原子的数量保持不变,那么无论它们的排列状况如何,其总质量保持不变。

• “原子”这个概念能够解释化学反应过程。当物质之间相互反应生成新的物质时,原物质分子的原子以新的方式重新组合。

在幼儿园至 4 年级中使用这个故事

学生年龄即使再小,也会对生锈现象有过亲身体验。对那些年龄较小的孩子,我们希望他们能够明白,物质会随着时间流逝发生变化,而这些变化属于正常现

象。儿童都曾经看到过,如果他们把玩具扔在室外不闻不问,经过长时间风吹雨打之后就会生锈。他们也可能听到过父母或哥哥姐姐谈论生锈以及往路面撒盐之类的事情。你可以鼓励学生跟你聊一聊他们对生锈的看法,然后把他们的观点填入"我们的最佳思维榜"。有些家长警告孩子不要踩到生锈的钉子,否则就会得病,这些孩子可能会认为锈是有生命的东西或者是细菌。"不要惊讶"那一节列出了一些学生常有的错误认识。

你可以从"我们的最佳思维榜"中看出,学生认为把钉子放在什么地方容易生锈。你最好事先把一袋钉子放在酒精或醋里面泡一天或一夜以去除钉子表面的保护性油脂,然后拿给学生看。你可以问学生:"为了让钉子生锈,我们应该把钉子放在什么地方?"哪怕年龄再小的学生都会想到利用水。一些学生会建议你把钉子放在室外,另一些学生会建议你放在室内距离水近的地方或者直接放在水里。学生在提出建议的时候,你务必要让他们给出自己的理由。你最好多准备一些钉子,以便学生按照他们的建议把钉子放在各种不同环境中。一般情况下,用不了多久钉子就会出现锈斑,你应当要求学生在这个过程中持续进行观察。你可以让他们把观察到的现象记录在科学笔记本上,看一看哪些钉子先生锈,哪些钉子生的锈多。

在5~8年级中使用这个故事

(注:我认为以下内容完全适用于四年级学生。)

你最好事先把一袋钉子放在酒精或醋里面泡一天或一夜以去除钉子表面的保护性油脂,然后给每名学生(你也可以把学生分成每两人一组)发两颗钉子,让他们把钉子拿回家放置一个星期时间。学生可以把钉子放在他们认为最容易生锈的地方,如果过了几天钉子还没有生锈,你可以让他们换一个地方。要求学生在一周后把钉子带回学校,并用胶带把钉子粘在一张卡片上,在卡片上记录如下信息:

- 你把钉子放在了哪里?
- 你为什么要把钉子放在那里?
- 钉子生锈需要具备哪些条件?
- 你认为锈是什么?

你可以让学生把带回来的钉子放在课桌或其他地方，以便全班同学围绕桌子依次参观。如果你把学生带回的数据逐一记录下来，就可以从中了解学生对生锈持有什么样的看法。你当然可以把它当做一种形成性评价，实际上，它同时衡量了学生的动脑和动手能力。

根据我们的教学实践，一些学生可能会：

- 把钉子放在碳酸饮料里(可能是因为他们曾听人说碳酸饮料会腐蚀牙齿，那么肯定也能腐蚀钉子?)；
- 把钉子放在漂白剂里；
- 把钉子放在盐水里；
- 把钉子放在一张带水的纸巾上；
- 把钉子放在冰箱里，因为需要低温；
- 把钉子放在暖气上，因为需要高温；
- 把钉子放在浴室里，因为那里潮湿；或者
- 把钉子放在室外排水管处，任由风吹雨打。

毫无疑问，学生还会想出很多其他不同方法，你可以组织学生把自己的经验拿出来跟全班同学分享，他们肯定会深受启发。根据我们的教学实践，学生经过热烈讨论并亲眼看到实验结果后，都想把实验重新做一遍，或者想通过改变某个变量来回答新遇到的问题。你的任务是帮助他们确保对各种变量进行控制，当然那个需要测试的变量除外。如果学生把自己的实验方案公之于众，那么全班同学都有机会对其进行点评，当然，你可以引导他们如何通过善意批评来相互帮助。

警告！如果学生想到如下问题，你们的实验可能会持续很长一段时间：

- 如果你使用红铜、黄铜或者镀锌金属，结果会怎样?
- 如果你使用铝或钢丝球等其他金属，结果会怎样?
- 使用什么样的方法能够阻止金属生锈?

你在讲授本章内容时，可以配合使用《了解学生的科学想法》(第四册)(基利和塔古尔，2009)一书中的探究案例“密封罐里的钉子”。由于该案例把钉子生锈现象

限定在一个封闭系统中,所以涉及物质守恒的概念。该案例需要学生考虑密封罐里钉子和水的问题,你可以让他们预测钉子在生锈(换句话说,发生化学反应)之后重量是否会发生变化。你把学生根据该案例做的实验结果收集起来之后,可以组织他们就这个问题展开讨论,他们最终得出的答案可能会令一些学生感到惊讶,也可能会证实一些学生的预测。你可以借此机会给学生讲一讲化学反应中的物质守恒定律,还可以帮助他们复习巩固化学变化与物理变化的区别:在化学变化中,有新物质生成;而在物理变化中,仅仅是物体的状态或形状发生改变。

学生可能会对新生成物质(锈)的性质存在疑问,或者怀疑它是否是一种新物质。你可以帮助他们验证一下,看一看钉子与锈(絮状的褐色物质)之间有什么区别。首先,钉子会对磁铁做出反应,那么,锈会对磁铁做出反应吗?"试试看。"你应当这样回答。如果学生把钉子放在水里,而锈是悬浮在水里的话,那么你可以建议他们把水放在一个大盘子里蒸发掉,因为锈不溶于水,所以将会残留下来。然后,学生可以对锈进行各种测试,找出它具有哪些属性。

最后,我相信,你的学生肯定会同意佛罗里达的汽车比美国北部各州的汽车不容易生锈的说法。当然,你可以鼓励学生去采访汽车经销商,跟他们谈一谈汽车生锈以及如何避免生锈的问题。别忘了让他们问一问佛罗里达汽车的情况!

相关书籍和美国科学教师协会期刊文章

Driver, R., A. Squires, P. Rushworth, and V. Wood-Robinson. 1994. *Making sense of secondary science: Research into children's ideas.* London and New York: Routledge Falmer.

Keeley, P. 2005. *Science curriculum topic study: Bridging the gap between standards and practice.* Thousand Oaks, CA: Corwin Press.

Keeley, P., F. Eberle, and C. Dorsey. 2008. *Uncovering student ideas in science: Another 25 formative assessment probes, vol. 3*. Arlington, VA: NSTA Press.

Keeley, P., F. Eberle, and J. Tugel. 2007. *Uncovering student ideas in science: 25 more formative assessment probes, vol. 2*. Arlington, VA: NSTA Press.

Konicek-Moran, R. 2008. *Everyday science mysteries*. Arlington, VA: NSTA Press.

Konicek-Moran, R. 2009. *More everyday science mysteries*. Arlington, VA: NSTA Press.

参考文献

American Association for the Advancement of Science (AAAS).1993. *Benchmarks for science literacy.* New York: Oxford University Press.

Keeley, P., F. Eberle, and L. Farrin. 2005. *Uncovering student ideas in science: 25 formative assessment probes, vol. 1*. Arlington, VA: NSTA Press.

Keeley, P., and J. Tugel. 2009. *Uncovering student ideas in science: 25 new formative assessment probes, vol. 4*. Arlington, VA: NSTA Press.

National Research Council (NRC). 1996. *National science education standards.* Washington, DC: National Academies Press.

第十九章
会跳舞的爆米花

山蒂达丝(Shantidas)正在阅读一本科学杂志，突然，她发现一篇文章的标题很有趣——《会跳舞的爆米花》，该文只是给出了实验的具体步骤，却没有说会出现什么结果。这可有点不同寻常，因为这类文章往往都很有趣，而且会把事情的来龙去脉告诉读者，不需要读者费尽心思瞎猜。然而，山蒂达丝喜欢自己动脑筋。她喜欢科学，喜欢做一些有挑战性的研究，不希望看到问题后面附有现成的答案。

《会跳舞的爆米花》一文指出,你可以准备一杯清澈的碳酸饮料,例如雪碧或七喜等,把几颗爆米花放到汽水里,然后注意观察会发生什么事情。山蒂达丝按照实验说明一步步做好,然后坐在那里开始观察。爆米花径直沉到杯底,但是它们周围很快泛起很多气泡。

过了一会儿,爆米花开始浮到汽水表面,然后又快速沉到杯底。然后,这一过程又重新开始。

"好吧,"山蒂达丝想,"肯定是爆米花周围的气泡使它们变得更轻。气泡比汽水要轻,这就是汽水中的气泡总是浮到顶部的原因。"

就在这时,山蒂达丝的哥哥鲍里斯(Boris)走进厨房,他问山蒂达丝在干什么。山蒂达丝向他解释了事情的前因后果,然后问他是否知道爆米花为什么"会跳舞"。

"我觉得这跟救生衣一样。救生衣让你变得更轻,所以你会浮到水面。如果你把救生衣脱掉,就会沉到水里。"

"但是,我不明白为什么爆米花增加了东西反而变轻,增加东西应该变重才对啊。我也不明白救生衣那么重,反而能让人变轻。"

"是这样,气体又没有重量,所以它不会让爆米花变重的,而只会让爆米花浮起来,"鲍里斯说,"关于救生衣的事,我得重新考虑一下。"

"我认为,我们需要非常仔细地观察,鲍里斯,每一个细节都不放过。"

后来,他们又在思考:使用爆米花以外的其他东西,能否得到同样的结果呢?

目的

也许你们中有人还记得多年前加利福尼亚“会跳舞的葡萄干”广告。当然，爆米花跟葡萄干跳的舞不一样。这个故事旨在鼓励学生努力解开物体为什么能够在碳酸饮料中上下跳动的谜题。低年级学生只需要了解一下漂浮现象即可，而高年级学生则需要学习密度和浮力知识。

相关概念

- 浮力
- 密度
- 系统

不要惊讶

学生可能会从几个角度来思考漂浮或浮力问题。他们会想到物体的材质、物体的形状、空气、液体的深度以及其他因素等。他们可能会认为任何有洞的物体都会下沉，而任何有空气的物体都会漂浮，长的物体不如短的物体那样容易漂浮。他们可能会对你说大的物体容易漂浮，过一会儿又对你说小的物体容易漂浮，完全忘记自己说过的话前后矛盾。不过，学生在谈到浮力时经常提到的一点是，给一个正在下沉的物体注入空气能够让它浮起来。这种说法有一定道理，大多数学生认为空气没有重量，这也难怪，因为他们看到任何液体中的气泡总是能够浮起来。在他们看来，这跟我们用氦气球把重物吊起来道理是一样的。

内容背景

浮力令很多人感到非常神奇，因为我们通常认为，只要一松手，物体就会掉下去，而浮力偏偏不是这样。看到氦气球或热气球腾空而起令我们欢呼雀跃，躺在水中的漂浮设备上自由徜徉令我们感到逍遥自在。

浮力是液体或气体中物体受到的竖直向上的力。2 200 多年前，西西里岛锡拉库扎市的天才阿基米德说:“任何物体,无论是部分还是全部浸入溶液中,都会受到向上的浮力,而浮力大小等于物体排开液体的重量。”听起来不错,但他的话究竟是什么意思?

这主要跟密度(物体的质量与体积的比值)有关。如果你拿保龄球和排球做比较,就会发现它们的大小(体积)虽然相同,但是保龄球要比排球重得多。因为保龄球每单位体积内的质量较大,所以我们说它的密度较大。如果把这两个球同时放到水池里,你很容易猜出结果会怎样。学生会说,因为排球充满空气,所以能够浮起来。在某种程度上,这种说法是对的,然而,并不是因为排球内的空气本身起到了作用,而是因为这部分空气尽管占据了很大空间,却没有给排球增加多少重量。

密度是物质的一种属性。这意味着,即使我们把某个物体分成一大一小两块,它们的密度也是一样的(记住,因为密度是物体的质量与体积的*比值*)。当然也有一些例外情况,比如说树木或其他一些生物制成品,它们各个部分之间的密度可能会略有差异。然而,铁、铝或其他元素构成的纯净金属密度就是一个恒量。

让我们再回过头来说说阿基米德。他得出下面一个结论:浸在液体里的物体受到该液体向上的浮力作用。根据他的计算,浮力的大小等于被该物体排开液体的重量。如果你试着把一个沙滩排球或排球从水面往下按的话,就能够真真切切地感受到这种力。即使你想把小小的乒乓球往水里按的话,也能够感受到这种力。这些例子讲的都是能够有浮力的情况,那么,如果没有浮力又会怎样呢?

实际上,你可以以一种不同的方式感受到浮力的存在。每年春天,我和妻子都会把我们家鱼塘里一盆盆盛开的睡莲挪挪地方。我们通常都是趁着池塘里有水的时候去搬动这些盆盆罐罐,因为借助水的浮力搬起来比较容易。如果池塘里没有水,我们就会觉得这些盆盆罐罐如同灌了铅一样沉重。我们能够轻易把这些盆盆罐罐从水里搬到水面,然而,一旦它们离开水面,重量似乎突然急剧增加。实际上,它们的重量丝毫没有增加,只是水向上的浮力无法再继续帮助我们。你可以在弹簧秤下方挂一块石头(或重物),然后把石头浸入水中来测量浮力。弹簧秤显示的石头重量比其实际重量要轻一些。石头的重量本身并没有改变,但是水向上的浮力部分抵消了地球施加给石头向下的重力。

因此,物体在空气或水中同时受到两个力的作用:物体自身向下的重力和它排开的那部分空气或水向上的浮力。如果向上的力大于向下的力,这个物体就会飘浮(或漂浮),反之,该物体就会下沉。物体沉浸在水中或者气球飘浮在空气中,其道理是一样的。阿基米德算出，物体排开的水量越大，它受到向上的浮力就越大。这一点能够帮助我们弄明白爆米花为什么会漂浮到水杯的顶部。

当饮料中二氧化碳气泡开始在爆米花周围形成的时候，“爆米花—气泡”系统的体积开始增大。我们应当把爆米花和气泡看成是一个系统，因为它们互相作用并结合起来构成了一个整体。根据阿基米德的理论，因为“爆米花—气泡”系统排开的水量很大，所以受到向上的浮力也很大，足以把该系统托举到水的表面。（请注意，气泡使“爆米花—气泡”系统的重量和体积都有所增加，但是，如果你拿气泡质量与其所占的空间相比，就会发现它的质量可以忽略不计）爆米花上升到水的表面以后，你会看到气泡破裂，所以“爆米花—气泡”系统体积变小。由于该系统及其受到的浮力不复存在，所以爆米花就会再次沉到水底，然后这一过程重新开始。实质上，这就等于我们给爆米花穿上了一件体积很大但质量很小的救生衣，“爆米花—气泡”系统的体积急剧膨胀，而其质量仅仅增加了一点点。

请让我说一件真事，也许它可以帮助你了解浮力。在三年级某一个班里，我准备把水果放到水里，首先要让学生预测哪些水果会沉下去、哪些水果会浮起来。有一名学生建议把一个浮在水面上的橘子剥掉，结果，橘子被剥掉皮之后沉到了水下。一名 8 岁的学生说：“我觉得，橘子皮就是橘子的救生衣。”他用这个比喻表明自己对浮力的理解，你认为怎么样？

如果你想了解学生对浮力问题的掌握程度，可以使用《了解学生的科学想法》（第二册）（基利、埃伯尔和塔古尔，2007）一书中的四个探究案例：“立方体比较”“漂浮的原木”“高飞和低飞”和“固体和小孔”。你也可以从本章结尾处列出的 NSTA 相关书籍和期刊文章中找到一些有用的资料，帮助提高自身的知识水平。

《国家科学教育标准》（国家研究委员会，1996）的相关内容

幼儿园至 4 年级：物体和物质的属性

• 物体具有很多可见的属性，包括尺寸、重量、形状、颜色、温度以及与其他物质产生反应的能力。我们可以利用直尺、天平或温度计等工具对这些属性进行测量。

5～8 年级:物质的属性和属性变化

• 物质都具有各自的属性,例如密度、沸点或溶解度等,这些属性和样本的数量无关。我们往往可以利用一种或几种属性,把混合在一起的不同物质还原成它们原来的样子。

《科学素养基准》(美国科学发展协会,1993)的相关内容

幼儿园至 2 年级:物质的结构

• 我们可以借助物体的构成材料(黏土、布或纸等)及其物理属性(颜色、大小、形状、质量、质地或韧性等)对物体进行描述。

幼儿园至 2 年级:稳定和变化

• 事物能够以某种方式发生变化,也能够以某种方式保持原样。

• 事物能够以不同方式发生变化,例如尺寸、重量、颜色或运动等。

3～5 年级:稳定和变化

• 一个事物即使有些特征发生变化,另外一些特征依然会保持不变。

6～8 年级:物质的结构

• 相同体积的不同物质往往重量不同。

在幼儿园至 4 年级中使用这个故事

这个故事鼓励学生自己动手做实验。如果你手头没有汽水,在半杯水中放入半片泡腾抗酸片也能获得同样的效果。药片迅速溶解,所含物质引起的化学反应会产生大量气泡,足够爆米花跳上很长时间。再配上一段舞曲怎么样?

让学生认真观察杯子里发生的现象,并在科学笔记本如实记录下来。当你进行到“我们的最佳思维榜”这一环节时,他们记录的内容就派上了用场。让学生谈一谈爆米花能够跳舞的原因是什么,然后再让他们把各自的疑问列举出来。

如果你使用的是泡腾抗酸片，学生的疑问可能会集中在气泡以及产生气泡的原因上面。由于这个问题对低年级学生而言太过复杂，所以你最好一笔带过，只需要说药片跟水混合后发生化学反应产生气泡即可。如果你使用碳酸饮料，就不会引发这个问题，因为学生的注意力都会集中到碳酸饮料中的气泡上。你应当尽量引导学生关注那些气泡有什么作用，以及它们对爆米花有什么影响。你可以让学生把观察到的现象按先后顺序整理一下，这样，他们或许能够看出附着在爆米花周围的气泡与爆米花上浮下沉之间存在一定关系。

学生往往会问：如果不使用爆米花，换成别的东西会怎样？你可以让他们摸一摸爆米花，然后说一说自己的感受。有的学生可能会用“粗糙”或“有很多棱角”等字眼来描述爆米花。你可以问一问学生，像爆米花这样的东西还有哪些？他们通常会提到葡萄干、扁豆或豌豆等。你应当给学生提供充分机会让他们自己动手试一试，看看这些东西会不会沉下去，周围会不会产生气泡。请注意，在这个试验中，物体的表面形状很重要。在学生列举出一些可用于实验的东西之后，你可以把这些东西改成需要调查的问题，例如：葡萄干会像爆米花一样跳舞吗？附着在爆米花周围的气泡数量多少会影响它的上浮速度吗？不同种类汽水对爆米花的行为有影响吗？通过这种方式，你就可以引导他们踏上货真价实的科学探索之路。你放心，他们不会建议你拿出价格不菲的年份香槟来做实验。

至于这一现象背后的原因，你可以让学生把他们曾经经历过的水下活动与爆米花的沉浮现象挂起钩来。学生也可能建议使用金属物体，他们将会发现，就算表面粗糙的金属物体周围有气泡产生，它们也不能浮起来。金属与爆米花有什么不同？你可以提醒学生注意，在同等大小情况下，金属要比爆米花重得多。他们就会明白，需要同时考虑大小和重量这两个因素。

我喜欢在上课的时候带一件救生衣。我请一名学生把救生衣穿在身上，这样全班同学都能看出救生衣具有一定的重量，而且人穿上救生衣后所占据的空间会增大。面对低年级学生，我对密度概念的讲解到此为止。然而，这一番经历将会对他们今后深入学习这一概念大有帮助。如前所述，让学生预测哪些水果能够漂浮、哪些能够下沉，这一活动肯定会妙趣横生。他们会发现，大多数去核的水果（李子、桃子或樱桃等）都会下沉，而没去核的水果则不会下沉。关于橘子去不去皮的问题，将会引发学生就水果大小、所占空间、漂浮以及下沉等方面展开热烈讨论。

在5～8年级中使用这个故事

我认为,在做这个实验时,让学生有机会近距离观察非常重要。你应当在每一位学生(或至少每两位学生)面前摆放一套实验设备。请参考上一节的教学建议,看看需要准备哪些实验材料。

高年级学生通常对密度概念已经有所了解,并且能够做一些必要的测量对结果进行验证。然而,如果这个年龄段的学生能够认识到,在清水中只有两种方法能够让漂浮的物体下沉或者让下沉的物体浮起来,即改变物体的体积或者改变物体的重量,那么我就会对他们的表现感到非常满意。由于密度是一个比值,所以学生务必要留意如下一点:无论什么时候,都需要把物体的体积和质量这两个属性放在一起考虑。

这对有些学生而言可能有难度。你可以使用《了解学生的科学想法》(第二册)(基利、埃伯尔和塔古尔,2007)一书中的三个探究案例:"立方体比较""漂浮的原木""高飞和低飞",根据学生给出的答案来了解他们对漂浮、下沉和密度等概念的掌握情况。

实际上,液体的密度也是一个重要因素。然而我发现,在学生还没有搞懂漂浮或下沉物体本身的密度问题之前,你又介绍这一新内容,只会给他们添乱。虽然公式 $D=M/V$(密度等于质量除以体积)最终将会帮助学生弄明白密度是如何计算出来的,但是在他们进行数学计算之前,最好还是让他们先多积累一些实际经验。

你班里很多学生可能会认为,水的深度对物体沉浮也会产生影响。这一点很容易通过实验加以验证。

国家科学教师协会面向中学教学的会刊《科学视野》有几篇文章可以帮助你如何深入探索与教授密度概念。它们是:

- 《从不同角度看密度》[彼得森-钦(Peterson-Chin)和斯特林(Sterling),2004]
- 《密度的卑鄙行为》[肖(Shaw),2003],以及
- 《洗发精、酱油和王子的吊坠》[钱德拉塞卡尔(Chandrasekhar)和利瑟兰(Litherland),2006]

如果你登陆国家科学教师协会网站（www.nsta.org），在《科学视野》栏目中搜索“密度”，能够找到更多关于这一概念的文章。

最后再提醒一点：绝大多数学生都认为密度这个概念很难掌握，而浮力概念又进一步给它增加了难度，他们往往要在多年以后才能彻底“搞定它”。上述调查和实验活动将会为学生最终理解密度奠定坚实的基础。有时候，学生思维的“电灯泡”会意外熄灭，而你当时可能并不在场。没关系，你已经为他们接通了闸刀开关。

相关书籍和美国科学教师协会期刊文章

Driver, R., A. Squires, P. Rushworth, and V. Wood-Robinson. 1994. *Making sense of secondary science: Research into children's ideas.* London and New York: Routledge Falmer.

Keeley, P. 2005. *Science curriculum topic study: Bridging the gap between standards and practice.* Thousand Oaks, CA: Corwin Press.

Keeley, P., F. Eberle, and C. Dorsey. 2008. *Uncovering student ideas in science: Another 25 formative assessment probes, vol. 3.* Arlington, VA: NSTA Press.

Keeley, P., F. Eberle, and L. Farrin. 2005. *Uncovering student ideas in science: 25 formative assessment probes, vol. 1.* Arlington, VA: NSTA Press.

Keeley, P., F. Eberle, and J. Tugel. 2007. *Uncovering student ideas in science: 25 more formative assessment probes, vol. 2.* Arlington, VA: NSTA Press.

Konicek-Moran, R. 2008. *Everyday science mysteries.* Arlington, VA: NSTA Press.

Konicek-Moran, R. 2009. *More everyday science mysteries.* Arlington, VA: NSTA Press.

Shaw, M. 1998. Diving into density. *Science Scope* 22 (3): 24–26

参考文献

American Association for the Advancement of Science (AAAS).1993. *Benchmarks for science literacy.* New York: Oxford University Press.

Chandrasekhar, M., and R. Litherland. 2006. Shampoo, soy sauce, and the prince's pendant: Density for middle-level students. *Science Scope* 30 (2): 12–17.

Keeley, P., F. Eberle, and J. Tugel. 2007. *Uncovering student ideas in science: 25 more formative assessment probes, vol. 2.* Arlington, VA: NSTA Press.

National Research Council (NRC). 1996. *National science education standards*. Washington, DC: National Academies Press.
Peterson-Chin, L., and D. Sterling. 2004. Looking at density from different perspectives. *Science Scope* 27 (7): 16–20.
Shaw, M. 2003. A dastardly density deed. *Science Scope* 27 (5): 18–21.

索引